KB022834

돌파하는 기업들

자라, 넷플릭스, 스타벅스, 노키아 턴어라운드 성공의 비밀

돌파하는 기업들

김성호 지음

TURN AROUND
MANAGEMENT

초록비책공방

 **추천사**

"Turn-around Management" 생소한 단어입니다. 하지만 기업 경영에서 이것보다 중요한 것은 없습니다. 잘 나가던 기업이 속수무책 추락할 때, 그 방향을 되돌릴 수 있다면 이보다 더 가치 있는 일이 어디 있을까요?

이 책의 저자는 외국에서 재무와 영업, 그리고 경영에 오랫동안 종사하면서 기업의 안타까운 모습을 실제로 겪고 선진화된 기업회생 기법을 경험하는 기회를 가진 바 있습니다. 그리고 이를 한 권의 책으로 정리해냈습니다. 한국의 많은 기업이 이러한 턴어라운드 과정을 잘 이해하고 실행했더라면 예상치 못한 불행한 일들을 꽤 줄일 수 있었을 것입니다. 턴어라운드 매니지먼트가 요술 방망이는 아니겠지만 이 책이 현재의 위기를 뚫고 나아가는 돌파구가 될 것이라 믿습니다.

－ **나상오**(백석대학교 교수, 경영학 박사)

CFO 출신 CEO답게 저자는 기업의 생애 관점에서 수십 년 동안 나타난 주가, 매출, 영업이익 등등 각종 경영 데이터를 추적하여 성공한 기업들은 어떻게 위기를 극복해냈는지를 풀어냅니다. 그 이야기가 매우 흥미로울 뿐만 아니라 많은 재무 전문가에게 좋은 모델이 됩니다. 이 책이 살얼음판 위에 있는 많은 사람, 기업, 조직에게 도움이 되기를 바랍니다.

- 정승필(K-WISS 그룹 전 대표)

헤드헌터로 일하는 제가 보는 관점에서 CEO의 직무 배경을 보면, 재무·회계 출신 CEO는 마케팅이나 영업, 기술 출신 CEO보다 상대적으로 많지 않습니다. 관리적인 강점이 있긴 하지만 회사를 성장시키고 확대하는 능력이 마케팅·세일즈 출신 CEO보다 약하다는 평가를 받기 때문입니다. 하지만 경영 사례를 찾아보고 분석하는 습관, 많은 독서량 등 자기 발전을 위한 노력을 멈추지 않는 이 책의 저자는 여느 CEO보다 마케팅, 영업에 대한 넓은 이해와 식견을 가지고 있습니다. 게다가 저자는 외국계 회사에서 일한 오랜 경험을 통해 서구 회사의 조직문화를 체득하고 있어 기업을 'Turning-around'시키는 데 적임자라고 할 수 있습니다. 이 책에는 저자가 실제로 실행한 '턴어라운드'가 구체적으로 등장합니다. 점점 더 산업이 고도화되는 비즈니스 현장에서 그동력인 기업들이 어떻게 흥했다가 추락해가는지, 그리고 그 반전을 어떻게 이루어내는지 살펴보는 것은 세계를 향해 나아가야 하는 우리에게 미래를 볼 수 있는 관점을 제시해줄 것입니다.

- 김수홍(트루소디움 헤드헌팅 사업본부장)

어느 기업도 성장만 할 수는 없습니다. 진정한 100년 기업, 그 이상의 기업이 되려면 위기 상황을 어떻게 극복하느냐가 기업의 연속성을 유지하기 위한 본질입니다. 이런 관점에서 이 책은 우리에게 친숙한 글로벌 기업들이 어떻게 위기를 극복하고 턴어라운드에 성공할 수 있었는지를 사례 중심으로 흥미진진하게 풀어내고 있어 단숨에 읽을 수 있습니다. 저자 특유의 직관과 통찰이 더해져 중간중간 다양한 생각거리를 제공하고, 기존의 성공 프레임이나 접근 방법이 아닌 근원적 문제 해결 방법에 대해 새로운 동기와 영감을 불러일으키기도 합니다. 지식과 경험을 공유하고자 하는 저자의 진정성과 문제의 본질을 관통하는 시각도 이 책에 고스란히 응축되어 있습니다. 좋은 누룩이 있어야 좋은 술을 빚을 수 있습니다. 이 책이 기업과 직장인에게 당면할 어려움과 위기를 예방하고 극복해나갈 수 있도록 돕는 누룩과도 같은 역할을 하리라 기대합니다.

- 김성기(주식회사 오비고 인사 책임자)

다른 사람의 실패담이 재미있다고 하면 조금 이상하게 들릴지도 모르겠습니다. 하지만 그 실패를 딛고 이겨낸 이야기라고 한다면, 그보다 더 큰 재미와 감동이 또 있을까요? 이 책은 최악의 경영 위기에서 혁신을 통해 부활한 기업들의 이야기를 담고 있습니다. 현업에서 누구보다 열정적으로 뛰고 있는 경영자가 생생하게 들려주는 기업들의 생존기는 역시나 예리하면서도 통찰력이 가득합니다. 비슷한 어려움을 치열하게 고민하면서 돌파구를 만들어온 경영인만이 해줄 수 있는 이야기라서 인생 선배의 조언처럼 생생하게 느껴집니다.

"미래를 예측하는 최선의 방법은 창조하는 것이다."라는 말처럼 경영이란 지금 일어나고 있는 현상을 분석하는 것도 중요하지만, 앞으로 일어날 일들을 만들어내는 일입니다. 이 책에 등장하는 기업들은 오랜 시간 길들여져 버린 고루한 타성을 깨닫고 버릴 힘, 번뜩이는 아이디어를 끝까지 실현하고야 마는 집념, 미지의 영역을 향해 새로운 길을 만들어가는 용기로 위기를 돌파해냈습니다. 추락을 이겨낸 이런 기업들이야말로 이 시대의 모험가이자 크리에이터들이 아닐까 생각합니다. 다 읽고 나니 경영자로서 이런저런 아이디어와 막막하게 느껴졌던 무언가에 도전하고 싶은 마음이 생기고, 어떻게든 해낼 수 있을 것 같은 좋은 기운이 느껴집니다.

- 기남해(패션 기업 바스통 대표)

 **프롤로그**

먼저 이 책을 선택해주신 모든 분께 깊이 감사드립니다. 이 책에 선 턴어라운드 매니지먼트에 대해 이야기합니다.

턴어라운드Turn-around란 사전적 정의로 "돌아서다"라는 뜻을 가지고 있습니다. 더불어 "회전하다", "방향을 바꾸다", "뒤돌아보다", "호전되다" 등의 뜻이 있기도 합니다. 이 뜻들을 보면서 '턴어라운드 매니지먼트Turn-around management'라는 용어를 만든 이는 작명의 대가라고 느꼈습니다. 왜냐하면 턴어라운드 매니지먼트란 실적이 현저히 둔화하거나 하락하는 기업을 다시금 성장하는 기업으로 이끄는 경영이기에 턴어라운드 이외의 어떤 어휘로도 그 의미를 적절히 전달하기가 어렵기 때문입니다.

턴어라운드의 역사는 기업의 역사와 맥을 같이 합니다. 누군가 어디서는 새로운 기업을 만들겠지만, 또 반드시 그중 상당수의 기업은 추락을 경험할 수밖에 없습니다. 이 책은 기업과 경영에 관한 이야기입니다. 동시에 인생에 관한 이야기이기도 합니다. 태어나고 몸과 마음이 자라고 때론 아프고 회복하고 늙고 생명을 다하는 것이 인간의 생애입니다. 이런 인생과 기업이 다른 것이 무엇일까요? 사람이 사는 것과 기업이 존속하는 것이 닮은 것처럼 경영의 원리와 인생의 원리도 닮을 수밖에 없습니다. 때문에 이 책은 경영을 이야기함과 동시에 인생을 돌아보게도 합니다.

아이러니하지만 코로나19가 아니었다면 이 책은 탄생하지 못했을 것입니다. 이탈리아에서 겪은 석 달의 재택근무(사실상 가택 구금) 기간 동안 이 책을 구상했습니다. 오랜 시간 현업에 치여 다른 것을 돌아볼 여유를 갖지 못했습니다. 자연재해와 같은 전염병 사태로 멈추게 되었고 처음 겪어보는 무력한 상황에서 이 책을 쓸 수 있는 행운을 만났습니다.

저는 한국에서 24년간 패션과 IT 기업들에서 직장생활을 했고 그 후 이탈리아와 영국으로 건너가 몇몇 패션 기업들을 맡아 경영을 해오고 있습니다. 흔치 않은 경험이며 감사한 일입니다. 더구나 전체 직장 생활 중 절반 이상을 턴어라운드 경영을 해오고 있는 점을 생각해보면 턴어라운드 매니지먼트는 저에게는 운명과도 같은 것이 아닐까 하는 생각이 듭니다.

"돌아서다"

건강하던 사람이 인생의 의미를 진하게 느끼는 데는 심히 아파보는 경험만 한 것이 없습니다. 마찬가지로 경영자인 당신, 기업의 임원인 당신, 리더로 성장 중인 당신, 이제 막 시작한 당신, 기업과 함께하기 위해 준비 중인 당신이 기업과 경영의 의미를 새롭게 느끼기에 이만한 주제가 없을 것이라 감히 권해봅니다.

저는 이 책을 통해 네 개의 기업을 소개할 것입니다. 영화에 비유하자면 네 개의 단편영화가 묶여있는 옴니버스 형식으로 턴어라운드 매니지먼트라는 무거운 주제를 쉽게 풀고자 했습니다. 각각의 이야기가 한 챕터를 구성하되 각 챕터는 배경이 되는 상황, 턴어라운드의 과정, 전략과 성과들을 가급적 시간 순서대로 설명했습니다. 그리고 중간중간 저의 개인적인 경험을 녹인 해석을 덧붙였습니다.

네 가지 사례가 각각 서로 다른 턴어라운드의 모습을 보여주면 좋겠다는 생각이 들어서 되도록 각기 다른 산업군, 다른 상황과 전략을 보여줄 수 있는 케이스를 골랐습니다. 그렇게 선정한 기업들은 다음과 같습니다.

- 패스트 패션 분야의 글로벌 넘버원, 자라ZARA
- 비디오 스트리밍 엔터테인먼트의 세계적 강자, 넷플릭스Netflix
- 식음료 업계의 대표이자 세계적인 커피 기업, 스타벅스Starbucks

○ 추락한 모바일 강자의 재도전, 노키아Nokia

　낯익은 기업이 대부분일 거라 기대하지만 혹시 모르는 기업이 있더라도 제 설명을 따라오기만 하면 어렵지 않게 그들에게 닥친 위기와 그 위기를 극복한 이야기를 이해할 수 있을 것입니다. 저도 실무에서 턴어라운드 매니지먼트라는 고된 프로젝트를 여러 번 진행해왔기에 이 기업들이 쏟았을 땀의 양을 어느 정도 짐작할 수 있습니다. 그렇기에 해당 기업을 조사하고 정리하는 데 제법 노력과 시간이 걸렸지만 존경의 마음을 담아 써내려갈 수 있었습니다.

　이 책은 학습서라기보다는 턴어라운드 매니지먼트가 어떤 것이고 왜 필요한지를 전하는 생생한 기업 이야기입니다. 그래서 본격적으로 이야기를 시작하기 전에 여러분의 이해를 돕고자 턴어라운드 매니지먼트에 관한 '질문과 답변' 코너를 마련했습니다. 커피 한 잔 앞에 두고 여러분과 편하게 이야기 나눈다고 상상하며 10개의 질문을 던졌으니 워밍업한다는 마음으로 읽으면 턴어라운드에 관한 개념을 쉽게 이해할 수 있을 것입니다.

　자, 이제 저와 함께 턴어라운드의 세계로 들어가 봅시다.

차 례

2장 자라, 현재 진행형 턴어라운드

넷플릭스,
의도적인 위기를 만들다

4장 스타벅스, 핵심으로 돌아가다

5장 노키아, 다시 온 위기와 대담한 도전

6장 **턴어라운드
현장을 말하다**

1장

턴어라운드 매니지먼트 워밍업

턴어라운드는 늘 가까이 있었다

코로나19 사태가 발발한 이후 세상은 변하고 있습니다. 소수의 기업은 오히려 이 기간에 호황을 누리기도 합니다. 하지만 대부분의 기업과 사람들은 고통의 시간을 보내고 있습니다. 저도 그중 하나입니다.

얼마 전 나이키Nike는 4/4분기(2020년 3~5월)* 매출이 전년 동기대비 38%나 떨어졌다고 발표했습니다. 그 와중에 디지털 매출은 79% 성장하여 총매출에서 차지하는 비중이 30%에 이르렀다는 희망적인 소식도 전했습니다. 당연하지만 앞으로 나이키는 디지털 매출에 더욱 집중하기로 했습니다.

---

* 나이키의 2020년 회계기간은 2019년 6월~2020년 5월이다. 한국이 보통 1~12월 회계기간을 절대다수의 기업들이 채택하는 데 비해 미국 기업들은 회계기간을 다양하게 채택하고 있다.

세계적인 음향기기 회사인 보스BOSE는 북미권에 있는 리테일 매장 전부를 폐점하기로 했습니다. 향후 수개월 이내에 철수 작업이 진행될 것으로 보입니다.

SPA* 패션 분야에서 세계 1위 브랜드인 자라ZARA는 2020년 코로나19로 인해 1/4분기 매출이 전년 대비 44%나 하락하여 1,200개의 매장을 닫기로 했습니다. 자라의 경쟁사인 H&M의 상황은 더 좋지 않습니다. 이탈리아에서 사업을 철수하기로 했다는 보도가 있었고 전 세계적으로 많은 매장이 철수할 것이라 예상됩니다.

국내도 상황은 다르지 않습니다. 얼마 전 산업연구원은 2020년 상반기에 정보통신기기와 반도체를 제외한 전체 업종이 전년 대비 역성장한 실적을 보였다는 결과를 발표했습니다([도표 1-1] 참조).

지금의 위기가 언제까지 이어질지 누구도 예측하기 어려운 상황으로 치닫고 있습니다. 모두에게 힘든 시간이지만 이제 코로나19와 같은 바이러스와 함께 살아가야 하는 법을 배워야 한다는 사실을 우리는 천천히 받아들이고 있습니다. 일상의 많은 부분이 달라질 것입니다. 생각과 습관도 달라져야 합니다. 라이프 스타일도 바뀔 겁니다. 모든 부분에서 큰 변화를 경험할 것입니다.

하지만 지금의 위기 상황이 처음은 아닙니다. 양상이 다르긴 하지만 과거에도 언제나 큰 위험과 변화가 있었습니다. 국가 단위, 사회 단

** SPA(Specialty store retailer of Private labe Apparal) : 미국 브랜드 '갭'이 1986년에 선보인 사업 모델로 의류 기획, 디자인, 생산·제조, 유통·판매까지 전 과정을 제조회사가 맡는 의류 전문점을 말한다. 백화점 등의 고비용 유통을 피해 대형 직영매장을 운영하여 비용을 절감시킴으로써 저렴한 가격에 제품을 공급하고 동시에 소비자의 요구를 정확하고 빠르게 상품에 반영시키는 새로운 유통업체이다. (출처 : 매경시사용어사전)

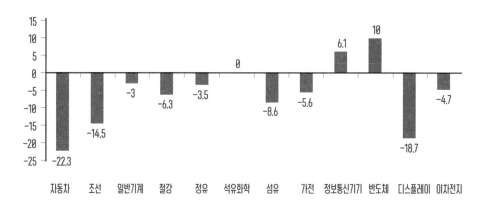

도표 1-1	2020년 상반기 주요 산업별 생산 증가율 추정

단위 : %, 전년 동기 대비, 달러 기준   참고 : 산업연구원

위, 기업 단위로 위기와 위험은 늘 주변에 존재합니다. 턴어라운드가
필요한 상황은 언제나 생각보다 가까이 있었습니다.

　이 책에서 소개되는 턴어라운드 사례들은 위기 상황에서 살아난
기업들의 이야기입니다. 그 이야기 속에는 위기에 처한 기업의 상황이
있고, 소방관처럼 위급상황을 끈 리더가 있고, 함께 뛰어준 팀이 있고,
적절한 전략이 있고, 모두의 희생이 있습니다. 사실 지금 우리에겐 이
런 이야기가 필요합니다. 잘 나가는 세계적인 글로벌 기업들도 큰 위
기를 맞이했고 엄청난 노력으로 이겨냈습니다. 그들의 턴어라운드는
특별한 상황 속 영웅적인 이야기로 가득할 것 같지만 자세히 들여다보

면 일반적이고 보편적인 우리 대다수 기업의 이야기와 다를 바 없습니다. 지금부터 저는 그들이 처한 위기 상황은 무엇이었고 어떻게 추락을 극복하고 다시 날아올랐는지를 추적해볼 것입니다.

턴어라운드 매니지먼트란 무엇인가

턴어라운드 매니지먼트를 우리나라에서는 '전환경영轉換經營' 혹은 '회생경영回生經營'이라고 부릅니다. 어떤 용어를 쓰던 모두 같은 의미를 담고 있습니다. 실적이 둔화하거나 추락하는 위기에 빠진 비즈니스 부문이나 기업을 정상적인 상태로 되돌리는 과정을 턴어라운드 매니지먼트라고 합니다. 기업에 몸담아본 분들은 다음의 말에 공감할 것입니다.

"기업에게 위기는 일상의 일일 뿐이다."

턴어라운드(비즈니스의 하락과 극복)는 기업의 역사에서 일상적으

로 빈번히 일어나는 매우 보편적이고 일반적인 과정일 뿐 특별한 일
이 아닙니다.

사람의 일생을 놓고 보더라도 성장기, 성숙기, 그리고 쇠퇴기가 있
습니다. 크게 보아 그렇게 나누어질 뿐 성장기에도 아프다가 회복되고,
성숙기에도 아프다가 회복되곤 합니다. 살아가는 동안 아픔과 회복은
반복됩니다. 기업도 마찬가지입니다. 탄생하고 성장하는 과정에서 아
프다가 더 크게 자라는 과정을 반복합니다. 인생과 닮아있죠.

다만, 어떻게 하느냐에 따라서 기업은 사람보다 매우 오래 지속될
수 있다는 점이 다를 뿐입니다.

📈 턴어라운드 현장에서 턴어라운드 경영을 배우다

제가 턴어라운드 매니지먼트를 접하게 된 계기는 5장에서 소개할
노키아와 관련이 있습니다. 물론 직접적인 원인은 애플 때문이었습니
다. 제가 CFO Chief Financial Officer(최고 재무관리 임원)로 근무했던 기업은 모
바일 소프트웨어 개발을 하던 기술기업이었습니다. 세계 유수의 모바
일 커뮤니케이션 기업들과 일을 했고 그중에는 노키아도 있었습니다.
노키아가 가지고 있던 스마트폰 운영체제인 심비안 전용 랩(연구소)을
국내에서 드물게 우리 회사가 운영하고 있었습니다. 노키아는 심비안
을 탑재시킨 폰으로 스마트폰 세상을 열었고 우리 회사는 그런 노키아
의 한국 내 기술 파트너사였습니다.

무슨 일이 있었을까요? 우리 회사는 애플의 아이폰이 나옴과 동시에 노키아와 함께 몰락했습니다. 휴대폰 시장의 거대 공룡 노키아의 몰락이 3년이라는 짧은 기간 내에 이루어졌고 우리 회사도 비슷한 주기로 몰락의 길을 걸었습니다. 때문에 제게 노키아는 잘나가던 시절의 향수를 불러일으키는 이름이고, 애플은 새로운 시대의 시프트이자 턴어라운드를 촉발하는 변화를 상징하는 이름이 되어버렸습니다. 그래서인지 저는 한 번도 아이폰을 사용해본 적이 없습니다. 일종의 트라우마일 수도 있을 것입니다.

노키아는 주력 사업이었던 휴대폰 사업부를 마이크로소프트사에 매각했고, 제가 재직했던 기업은 모바일 소프트웨어 개발 분야를 완전히 포기하고 자동차 전장*에 들어가는 소프트웨어를 개발하는 기업으로 변모했습니다. 규모는 엄청나게 다르지만 두 기업 모두 턴어라운드의 시기를 거쳤습니다. 그러나 그중 한 기업은 결국 성공하지 못하고 사업을 포기했습니다.

🌀 기업을 건강하게 하는 경영기법

이 격변의 시기를 지나며 저는 턴어라운드 매니지먼트 전문 경영

---

* 모터, 블랙박스, 중앙제어장치, 속도센서, 스위치, 오디오, 카메라 등 차량 데시보드에 들어가는 각종 전기·전자 장비를 말한다.

인의 길에 들어섰습니다. 그 후 2012년 유럽으로 건너와서 회사는 다르지만 비슷한 일을 하고 있습니다. 유럽에 머무르는 9년간 턴어라운드 매니지먼트를 진행한 기업들만 다섯 개에 이릅니다. 전체 기간으로 따지면 저는 14년 동안 턴어라운드 매니지먼트 일을 해오고 있습니다. 턴어라운드 매니지먼트가 제게는 운명과도 같기에 깊숙이 연구하며 실무와 이론을 연결하는 작업을 반복하고 있습니다. 십수 년간의 실무 경험과 탐구의 시간을 통해 제가 깨닫고 적용한 것들이 이제는 적지 않습니다.

그 긴 시간의 경험과 학습을 통해 제가 깨달은 가장 중요한 한 가지는 턴어라운드 매니지먼트의 본질은 기업이 스스로 가야 할 방향을 점검하고 전환하는 것이라는 것입니다. 즉 기업의 방향에 전략을 연결하고, 전략에 따라 단호하게 기업 스스로 실행해야 하는 것입니다.

때문에 턴어라운드의 시작점에는 기업이 가고자 하는 방향을 정하는 작업이 반드시 들어갑니다. 이런 이유로 턴어라운드 매니지먼트는 실적 저하를 겪거나 부도 위기에 처한 기업뿐만이 아닌, 성장 중인 기업에게도 크게 도움이 되는 경영기법이라고 할 수 있습니다.

제가 경험한 턴어라운드 매니지먼트는 특정 산업이나 특정 기업뿐만이 아니라 어느 기업이든 더 건강해지도록 돕는 경영기법입니다. 또한 단순한 방법론이 아니라 정신과 원칙이 살아있는 경영이라고 할 수 있습니다. 저는 이런 점에서 턴어라운드 매니지먼트에 큰 매력을 느낍니다.

턴어라운드 워밍업을 위한
10개의 질문

    네 개의 기업 이야기를 시작하기에 앞서 턴어라운드에 관련한 열
개의 질문과 답변을 정리해보았습니다.

    이 질문을 통해 턴어라운드 매니지먼트의 기본 개념을 이해하고
나면 그다음 이어지는 사례들이 보다 쉽게 이해될 것입니다. 또한 어
렴풋했던 턴어라운드 매니지먼트에 대한 개념이 어느 정도는 뚜렷해
질 것입니다.

Q1. 턴어라운드 매니지먼트가 무엇인지 좀 더 쉽게 설명해주실 수 있을까요?

턴어라운드 매니지먼트는 기업의 매출이 하락하거나 이익이 줄어드는 등 실적이 둔화를 보이거나 빠르게 나빠지는 상황으로부터 다시 좋은 실적을 내는 기업으로 변화시키기 위한 활동을 말하며, 기업경영에 있어서 전문적인 분야라고 이해하면 됩니다.

건강하던 사람도 살다 보면 아플 수 있듯이 잘 나가던 기업도 건강하다 약해지기를 반복합니다. 턴어라운드 매니지먼트는 약해진 상태의 기업을 건강하게 회복시키는 일입니다. 이때 사람이 치료받는 것과 유사한 과정을 거치게 됩니다. 몸이 아프면 우리는 의사에게 찾아가 증상을 설명하고 진단을 받아 약을 먹거나 수술을 받거나 쉬면서 회복을 위해 노력합니다. 기업도 약해지면 원인을 깊이 있게 진단하고 치료 계획을 세워 때로는 약을 때로는 수술을 통해 회복과정을 밟습니다. 이 과정에서 전문가의 도움을 받아야 하는 경우가 종종 발생합니다.

Q2. 턴어라운드 매니지먼트는 부도 위기에 있는 기업이 하는 건가요?

그렇게 오해할 수도 있습니다. 물론 부도 위기까지 간 기업이라면 당연히 턴어라운드 과정을 거쳐야 할 것입니다. 하지만 암이나 중병에 걸릴 때만 병원에 가는 것이 아니듯 기업도 마찬가지입니다. 상황이 극단적으로 나빠지기 전, 문제가 작을 때 신속히 돌이키는 것이 더 현명합니다. 건강한 삶을 살려면 평소 운동 등을 통해 체력을 꾸준히 키워놓아야 하듯 지금 당장 문제가 없더라도 지속 가능한 강한 기업이 되려면 턴어라운드 원칙을 도입하고 실행하는 것이 바람직합니다.

턴어라운드 과정을 통해 얻을 수 있는 관점과 원칙들이 있습니다. 그것들은 경영자와 리더들에게 매우 중요한 인사이트를 줍니다. 또한 그런 인사이트는 위기를 극복하게 할 뿐만 아니라 위기에 빠지지 않기 위한 선제 조치도 가능하게 합니다. 그런 면에서 턴어라운드 매니지먼트는 모든 기업에게 도움이 된다고 할 수 있습니다.

Q3. 턴어라운드 매니지먼트가 경영기법이라면 일반인들과는 무슨 상관이 있나요?

나와는 별로 관련이 없다고 느낄 수 있습니다. 전혀 이상하지 않습니다. 하지만 알아두면 분명 도움이 됩니다.

무엇보다 기업을 바라보는 관점이 넓어집니다. 당신이 다니는 회사가 얼마나 경쟁력 있는 기업인지 파악할 수 있습니다. 턴어라운드를 성공적으로 해내는 기업들을 보면 회복탄력성이 뛰어납니다. 내부 의사소통도 원활합니다. 즉 오래 다니기에 그만한 곳이 없습니다.

반면 턴어라운드 매니지먼트에 관심이 없고 실행이 제대로 되지 않는 기업은 그 반대입니다. 정상적인 상황에서는 그 차이를 느끼기 어렵니다. 하지만 위기가 오면 이 둘의 차이가 매우 큽니다.

턴어라운드를 알아두면 여러분은 분명 위기에 예민하고 하락에
빨리 대처하되 구성원들과 함께 이겨내는 기업을 고르는 안목을 갖게
될 것입니다. 그리고 또 모르죠. 당신도 언젠가 운명처럼 회사를 위기
로부터 구하는 일에 뛰어들게 될지. 그건 아무도 모르는 일이거든요.
저처럼요.

Q4. 위기의 징조라고 하셨는데 구체적으로 무엇을 말하는 건가요?

기업의 실적이 추락해 본격적으로 적자로 돌아서기 전에 나타나
는 몇 가지 현상들이 있습니다. 회사마다 다르지만 적게는 1년에서 길
게는 몇 년에 걸쳐 시그널이 나타납니다. 이 시그널은 점점 더 강한 시
그널로 증폭되는데, 우리는 그것을 '위기의 징조'라고 합니다.

위기의 징조는 '변화'라는 모습으로 나타납니다. 매출의 변화, 비
용의 변화, 인력의 변화(잦은 퇴사 등)와 같은 기업이 평소 관찰하는 일
상적인 수치 정보가 있을 수 있고 이와 더불어 소비자 반응의 변화, 판
매 현장에서 보이는 변화 등 비숫자적인 정보를 포함해 기업이 접할
수 있는 모든 데이터에서 파악이 가능합니다.

때에 따라서는 갑작스러운 매출의 증가처럼 긍정적으로 보이는
변화까지도 살펴야 합니다. 제가 유럽 기업의 한국지사에서 일할 때 배
운 것 중 하나가 그들은 매출이 크게 초과 달성할 때도 예외 없이 그 원

인을 깊이 조사한다는 것이었습니다. 오랜 기업의 역사를 통해 그들은 매출 급증처럼 당장은 좋아 보이는 변화도 조금만 넓게 생각하면 위험을 나타내는 신호일 수 있음을 알고 있는 것이죠.

Q5. 턴어라운드 매니지먼트 관점에서 내가 다니는 기업이 어떤 상태인지 알 방법은 무엇인가요?

매출 하락이 대표적인 지표입니다. 매출이 지속해서 떨어진다면 강력한 턴어라운드 신호를 보내는 것입니다. 더불어 흑자에서 적자로 전환됐거나 적자가 일정 기간 유지되는 것도 이에 해당합니다. 이익을 볼 때는 영업이익(영업을 통해 벌어들인 이익)이 이자 비용보다 큰지를 보기 바랍니다. 즉 영업에서 번 돈으로 이자도 못 내는 상황이라면 어려운 상황에 부닥친 기업일 가능성이 큽니다.

그리고 또 하나의 강력한 증거는 현금 고갈입니다. 현금흐름이 원활하지 않다면 자연스럽게 매출에 대한 압박이 심해질 것이고, 적자를 줄이고자 비용을 절감하려 엄청나게 쥐어짤 것입니다. 또한 급여를 비롯한 주요 지출에 문제가 생길 것입니다.

매출, 이익, 현금 이 세 가지 지표를 알아보길 바랍니다.

Q6. 위기를 돌파한 기업들의 특징은 무엇인가요?

이 부분은 뒤에 이어서 소개할 기업 사례를 통해 차차 설명하기로 하고, 여기서는 가장 중요한 특징들만 간단히 소개해 드리겠습니다.

첫째, 현실을 무섭도록 냉정하게 받아들입니다. 상황에 대해 적확한 인식을 하는 것이 성공한 기업들의 특징입니다. 두루뭉술하게 '시간이 지나면 나아질 거야'라는 기대를 하지 않습니다. 위기를 돌파하는 기업들은 상황을 인정하고 세밀히 분석하는 작업을 합니다.

둘째, 정말 실용적인 사고를 합니다. 적임자를 고를 때는 예외 없이 '저 사람은 반드시 할 수 있다'라는 확신을 가질 때 책임을 맡깁니다. 그리고 책임을 맡길 때는 권한을 확실히 줍니다. 그런 사람을 찾지 못하면 투자자가 직접 합니다. 목마른 사람이 가장 열심히 사력을 다해 우물을 팔 테니까요. 자기 재산을 지키려는 투자자보다 더 열정적으로 턴어라운드를 할 사람은 없겠죠.

셋째, 턴어라운드 기간 동안 단기적인 후퇴를 받아들입니다. 2보 전진을 위한 1보 후퇴가 여기에 적용되는 말입니다. 후퇴할 각오 없이 턴어라운드를 하는 것은 실패를 초래할 가능성이 큽니다.

넷째, 명확한 방향과 전략의 중요성을 이해합니다. 턴어라운드 매니지먼트는 원맨 플레이가 아닙니다. 기업 내외의 많은 인원이 다 같이 몰입해서 하는 공동 작업입니다. 따라서 기업의 나아갈 방향과 전략이 정해지지 않으면 혼선을 일으킵니다. 명확한 방향과 전략을 이해하고 참여해야 각자의 동기와 에너지도 높은 레벨로 유지됩니다.

다섯째, 열린 의사소통을 합니다. 서로 정보와 대화를 자유롭게 주고받습니다. 각자 자기 것만 챙기는 폐쇄적인 조직문화에선 턴어라운드 과정이 상대적으로 어렵습니다.

Q7. 턴어라운드 전문가는 어떤 자격을 갖춘 사람인가요?

유럽은 턴어라운드 매니지먼트를 가르치는 사설 기관이 있고 대학에서 턴어라운드 매니지먼트를 배우기도 합니다. 하지만 턴어라운드 전문가는 자격증보다는 실무 경험이 더욱 중요합니다.

기업의 턴어라운드 성공 확률이 10% 남짓인 점을 고려해보면 경험이 풍부한 사람들은 곧 많은 실패를 경험한 사람이라는 의미와 같습니다. 실패를 돌이키지 못하고 망가지는 기업의 안타까운 모습을 경험한 사람, 그 경험을 통해 턴어라운드 매니지먼트라는 일의 무게가 얼마나 무거운지 아는 사람, 실패 경험은 실패 경험대로 성공 경험은 성공 경험대로 스스로 인사이트와 원리를 깨달은 사람, 그리고 그러한 깨달음으로 기업과 구성원을 살리는 지식과 경험을 축적한 사람. 그런 사람을 저는 턴어라운드 전문가라고 부르고 수준 높은 전문가가 되기 위해 저 또한 노력하고 있습니다.

Q8. 턴어라운드 과정은 정해진 프로세스가 있나요?

있습니다. 큰 단계를 중심으로 설명하자면 다음과 같습니다.

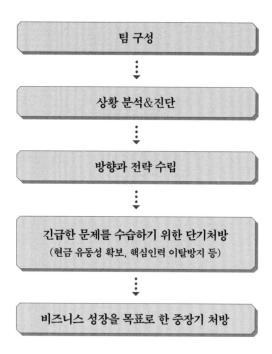

요약하면 현재 상황을 진단하고 당장 급한 불을 끄면서 안정적인 상황을 만들어가고 장기적으로 성장해나갈 기회를 발굴하여 이를 이끌어내는 과정을 거칩니다.

Q9. 기업의 턴어라운드 진행 시 어떤 점들이 가장 어려운가요?

두 가지를 말씀드리고 싶습니다. 턴어라운드는 적어도 2년에서 4년 정도 소요되는 긴 작업입니다. 때문에 압박감이 크더라도 이 기간 동안 뚝심있게 밀고 나갈 수 있는 사람들을 찾는 일이 중요합니다. 먼저 기업 내부를 면밀히 관찰하여 인재를 찾아보고, 적합한 인재가 없으면 외부에서 전문가를 초빙해야 합니다. 두 번째로 턴어라운드는 어려운 결정을 연속적으로 해야 하는 난이도가 높은 프로젝트입니다. 따라서 작업을 진행하는 팀에 주도권을 주어야 합니다. 이것이 확보되지 않으면 턴어라운드는 성공하기 어렵습니다.

Q10. 턴어라운드를 시작해야 하는 사람들에게 당부하고 싶은 것은?

먼저, 시작하기 전에 조금이라도 더 노십시오. 시작하면 오래 걸립니다. 시작하면 오랫동안 큰 압박감을 견뎌내야 합니다. 그러니 지금은 마음껏 노십시오.

다음으로, 늘 장기적인 관점을 갖길 바랍니다. 턴어라운드가 시작되면 당장 불을 끄는 것에 몰두하게 됩니다. 하지만 장기적인 방향과 전략을 잊으면 자칫 목표로 했던 방향에서 벗어나게 됩니다.

마지막으로, 관련된 모든 분과 열린 대화를 하십시오. 열린 소통으로 만들어진 팀워크 없이 턴어라운드는 어렵습니다.

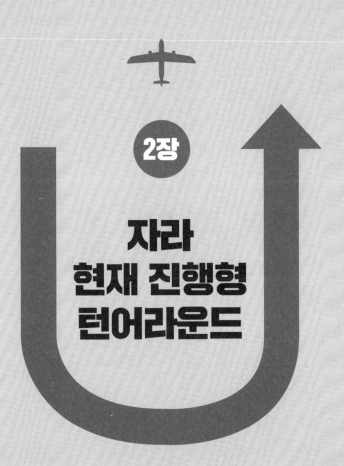

2장

자라
현재 진행형
턴어라운드

ZARA

ZARA'S PROLOGUE

왼쪽 그림은 스페인 지도입니다. 위쪽에 보이는 진한 회색 부분이 이번 이야기의 주인공인 자라가 탄생한 곳입니다. 자라는 발음도 어려운 알테이소Arteixo라는 지역에서 시작됐습니다. 총인구 1만 4,000명이 채 안 되었던 이 도시에 옷가게 하나가 생깁니다. 그 가게가 훗날 세계 1위 SPA 브랜드 자라가 됩니다.

2019년 기준으로 매출 26조 원(약 195억 6,000만 유로)과 영업이익 4조 5,000억 원(약 33억 7,000만 유로, 영업이익률 17%)을 기록 중인 글로벌 넘버 원 SPA 브랜드이자 지난 수십 년간 후퇴를 모르고 성장을 지속해온 패션의 간판 기업.

그랬던 기업이 2020년 1/4분기 실적 발표를 통해 전년 대비 45%의 매출 하락 소식을 전했습니다. 자라 역사상 처음 있는 엄청난 하락을 넘어서는 추락이었습니다.

그리고 이어서 발표한 그들의 대담한 계획은 전 세계를 공포에 빠뜨린 코로나19 상황을 극복해가는 경영 고수의 이야기라고 할 수 있습니다. 우리의 상황과 비교해 읽어보아도 도움이 될 것입니다.

SPA 제왕의 탄생

후덕한 인상의 이 어르신이 패스트 패션 세계 1위 기업 ZARA의 창업주 아만시오 오르테가Amancio Ortega 회장입니다.

1975년 그는 스페인 북동부에 있는 작은 도시인 알테이소에 의류 가게 하나를 오픈합니다. 자라라는 이름은 〈그리스인 조르바〉라는 영화에서

아만시오 오르테가 회장

따서 'Zorba'라고 지었다가 근처에 있는 가게가 먼저 그 이름을 선점한 탓에 결국 단어의 조합을 바꾸다가 ZARA를 선택했다고 합니다. 즉

영화 〈Zorba the Greek〉 포스터

ZARA는 특별한 뜻이 있지 않은 그냥 철자의 조합으로 만들어진 이름입니다.

자라는 1980년대부터 스페인 전역으로 확장을 했고 1985년 해외 확장을 염두에 두고 모기업인 인디텍스NDITEX를 설립합니다.

이후 1988년 포르투갈 진출을 시작으로 1990년 프랑스와 미국, 1992년 멕시코, 1993년 그리스·벨기에·스웨덴, 2000년 브라질, 2002년 일본과 싱가포르, 2003년 러시아와 말레이시아 등 현재까지도 계속해서 세계 각국에 진출하고 있습니다. 참고로 한국에는 2008년에 진출했습니다.

자라는 분명 중저가 제품을 판매하는 의류 기업입니다. 하지만 그들의 매장은 명품 브랜드 부럽지 않을 만큼 톱클래스 위치에 자리 잡고 있습니다. 더불어 매장들은 크기로 보나 인테리어로 보나 고급스럽게 꾸며져 겉으로만 보아서는 중저가 제품을 판매하는 곳으로 보이질 않습니다.

　워낙 유명한 기업이므로 '자라'라는 이름을 들어는 보았을 테지만, 이에 더해 한 계단, 두 계단 더 내려가서 알아보면 이 기업이 얼마나 훌륭하고 대단한지 느낄 수 있습니다. 이번 이야기를 통해 경영의 고수 중의 고수인 자라의 진면목을 소개하겠습니다.

처음 경험하는 추락

　자라는 설립 이후 줄곧 성장만을 거듭해왔습니다. [도표 2-1]은 자라가 지난 20년간 꾸준히 성장해온 모습을 나타내고 있습니다.

　2000년에 매출 20억 4,400만 유로(약 2조 8,000억 원)에서 2019년 매출 195억 6,400만 유로(약 26조 원)로 20년 만에 약 9.6배 성장했습니다. 이 성장 폭을 연평균으로 환산해보면 매년 13%씩 성장해온 것입니다. 2000년에 이미 매출이 3조 원에 육박한 기업이었음에도 그 후로도 매년 13%씩 성장해서 2019년에는 매출이 26조 원에 이른 것이죠. 조 단위의 기업이 매년 13%씩 성장하기도 쉽지 않은데 10조 원이 넘는 덩치에서도 13%씩 성장을 한 것은 쉽게 이룰 수 있는 성과가 아닙니다.

ZARA 매출 변화

단위 : 백만 유로

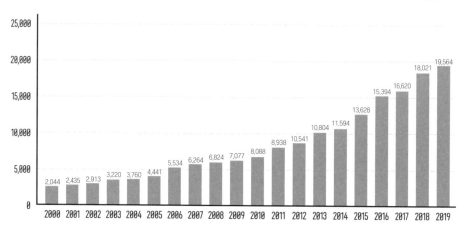

ZARA 영업이익 변화

단위 : 백만 유로, % ■ 영업이익, — 영업이익률

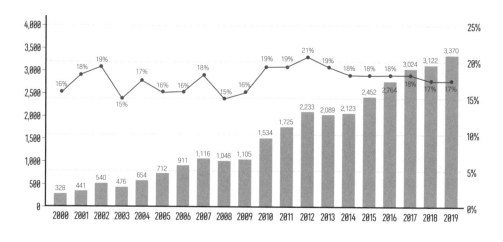

매출을 살펴봤으니 영업이익도 20년 치를 펼쳐서 확인해볼까요? [도표 2-2]를 살펴봅시다.

막대그래프는 영업이익액을 나타내고 선 그래프는 영업이익률을 나타냅니다. 지난 20년간 17% 내외의 영업이익률을 시종일관 기록하고 있습니다. 대단하죠? 4~5년도 아니고 20년을 어떻게 이런 이익률을 거둘 수가 있는지 의아할 정도입니다(이 기업 투자자는 정말 좋겠어요. 국채보다 안정적으로 보일 정도입니다.).

〽️ 2020년 찾아온 자라의 첫 위기

그랬던 자라가 처음으로 2020년 1/4분기에 큰 손실을 기록했습니다. 2020년 1분기(2~4월) 매출액이 33억 유로(약 4조 5,000억 원)로 전년 동기 59억 유로(약 8조 원) 대비 44%나 하락한 결과가 나왔습니다. 이는 전 세계 대부분의 자라 매장이 코로나19의 영향으로 영업을 하지 못했기 때문에 나타난 결과로 보입니다.

이런 큰 폭의 매출 하락 탓에 자라의 당기순이익은 전년 1분기 7억 3,400만 유로(약 9,900억 원)에서 올해 1분기는 적자로 바뀌었습니다. 우울한 소식 가운데 한 가지 위안이 되는 소식은 1분기 온라인 매출이 전년 대비 50% 성장했고 특히 4월은 95%나 성장을 했다는 것입니다. 그럼에도 불구하고 전체 낙폭이 정말 크다고 볼 수밖에 없습니다. 최근 기사 하나를 인용합니다.

"본지가 거래소 및 코스닥에 상장한 패션 39개, 섬유 15개 등 총 54개 패션·섬유 업체들의 올 1분기 영업실적을 조사한 결과 극심한 부진을 보였다. 특히 패션 업체들의 실적이 좋지 않았다. 39개 기업 중 20곳, 절반 이상이 적자를 기록했다. 수출 포함이다. 매출이 감소한 곳은 32곳으로 무려 82%에 달한다. 코로나19로 인한 타격이 어느 정도였는지 여실히 나타났다."

– 〈어패럴 뉴스〉, 2020. 5. 20.

기사 내용을 보면 우리나라의 패션 기업들도 대부분 2020년 상반기에 아주 부진한 실적을 보였음을 알 수 있습니다. 그리고 이런 추세가 올해뿐만 아니라 내년에도 이어질 거라는 불안한 전망이 나오는 실정입니다.

그들은 다 계획이 있다

이런 상황에서라면 보통의 경우 당연히 몸을 사려야 합니다. 현금을 꽁꽁 싸매두고 아끼고 아껴서 혹시나 다시 올지 모를 두 번째 팬데믹 또는 길어질지 모르는 지금의 위험을 대비해야 할 것입니다. 하지만 자라는 다른 선택을 합니다.

그들은 다음과 같은 대담한 계획을 발표합니다.

- 2년 이내에 전 세계 매장 중 1,200개의 매장을 닫는다.
- 온라인 사업에 대대적인 투자를 집행한다(약 1조 3,500억 원).
- 450개의 프리미엄 매장을 신규 오픈한다(약 2조 3,000억 원).

거의 폭탄을 맞은 듯한 위기의 상황에서 자라는 약 3조 6,500억 원을 추가로 투자하겠다는 통 큰 계획을 발표했습니다. 쉽게 이해가 되지 않는 약간은 모순된 내용입니다. 한편으로는 많은 수의 매장을 닫는다고 하면서 또 한편으로는 새로운 매장을 열겠다고 하니 말입니다.

아무리 2020년 4월 말 기준으로 4조 6,000억 원의 현금을 쌓아두고 있는 자라라고 해도 좀 과한 것이 아닐까 하는 의구심이 듭니다. 더구나 전년도 같은 시기에 보유했던 7조 2,000억 원의 현금에 비하면 1년 사이에 36%나 줄어든 것이기에 현재 상황을 생각하면 조심스러울 텐데 말입니다.

이 기사를 봤거나 기억하는 분들이 있을지도 모르겠습니다. 기사를 보며 무슨 생각을 했나요? '세계 일등은 역시 다르네.', '돈이 있으면 대응도 다르게 하네.' 뭐 이런 생각을 한 분들도 있을 것입니다. 저도 그랬습니다.

하지만 자라에 대해 조사할수록 이 발표는 잘 계획된 전략적 밑그림에 의해 나온 것이라는 사실을 알게 되었습니다. 자라가 누군가요? SPA 글로벌 넘버원 기업이자 모기업인 인디텍스는 LVMH(루이뷔통 그룹)를 누르고 나이키를 추격하고 있는 전체 패션 기업 중 2위 규모를 자랑하는 공룡기업 아니겠습니까? 20년 이상의 매출 성장과 탁월한 이익률 유지는 아무나 하나요?

지금부터 자라의 계획을 하나하나 뜯어보도록 하겠습니다. 하지만 자라의 계획을 제대로 이해하려면 그전에 그들이 지난 세월을 어떻게 발전해왔는지 알아야 합니다. 지난 시간을 좀 길게 펼쳐서 관찰하면 지금의 자라가 움직이는 방향과 저 담대한 계획이 통째로 이해가 될 것입니다(이제부터 본격적으로 숫자를 열거하더라도 이해해주길 바랍니다.).

✎ 자라가 추진해온 장기계획

창업자 오르테가는 옷 장사를 했습니다. 디자이너가 아니었죠. 그는 패션을 한다기보다 옷이라는 상품으로 돈을 버는 비즈니스맨입니다. 때문에 처음부터 그의 마음속에 있던 질문은 당시로서는 좀 남달랐습니다. 자라가 오늘날 다른 결과를 만든 데는 이와 같은 다른 질문의 힘이 컸다고 생각합니다.

Q1. 어떻게 하면 재고를 늘리지 않으면서 매출을 극대화할 수 있을까?

Q2. 어떻게 하면 매장을 늘리지 않으면서 매출을 극대화할 수 있을까?

Q3. 어떻게 하면 같은 매출 규모를 가지고 이익을 극대화할 수 있을까?

Q4. 어떻게 하면 광고비를 안 쓰고도 브랜드력을 극대화할 수 있을까?

결국 매출 극대화, 이익 극대화, 브랜드력 극대화로 귀결되죠? 언뜻 보면 당연한 질문이지만 하나하나 뜯어보면 대단히 어려운 질문입니다. 사실 이 질문들을 해결하지 못하기에 패션 기업들이 어려워지거나 망하는 것입니다. 이 질문에 확실한 답을 찾는다면 사업의 발전은 당연히 따라올 것입니다. 매출이 늘고 이익이 늘고 브랜드력이 상승하면 사업이 어떻게 발전하지 않을 수 있을까요. 그렇다면 자라가 지금껏 찾은 답은 무엇인지 알아볼까요?

Q1. 어떻게 하면 재고를 늘리지 않으면서 매출을 극대화할 수 있을까?

자라는 빠른 생산주기를 답으로 찾았습니다. 생산에 필요한 기간 (디자인부터 생산까지)을 최대한 줄인다면 최근 트렌드를 확인한 후 바로 원하는 제품을 생산할 수 있게 됩니다. 생산주기가 석 달인 것과 2주인 것은 차이가 큽니다. 생산주기가 2주라면 판매 추이를 보면서 추가로 생산을 진행하여 잘 팔리는 제품 위주로 생산을 극대화할 수 있습니다. 또한 예측이 아니라 정확한 데이터를 통해 대응을 할 수 있습니다.

하지만 생산주기가 석 달이면 어떨까요? 아무리 인기를 끄는 제품이더라도 추가 생산을 진행하지 못합니다. 추가로 만드는 순간 해당 시즌이 이미 끝나서 그대로 재고로 남을 것이기 때문입니다. 즉 기존에 만들어둔 수량 이외에 더 이상의 생산을 진행하는 것이 어려워집니다.

이 둘의 차이는 대단히 큽니다. 빠른 생산은 현금이 묶이는 시간이 짧고 같은 자금으로 여러 번의 매출 기회를 만들 수 있으므로 수입이 극대화될 수 있습니다. 반면 느린 생산주기는 현재의 판매 추이를 보고 만드는 것이 아닌 시즌이 시작하기 전에 예측해서 만들어야 합니다. 그것도 목표로 하는 매출 금액에 맞추어 물량을 만들어놓아야 합니다. 달리 말하면 생산주기가 빠르다는 것은 같은 물량을 여러 번 쪼개어 생산하는 것이 가능하다는 의미이고, 잘게 쪼개 만들 수 있으면 뭐가 잘 팔리는지 확인한 후 그 결과에 맞게 생산을 할 수 있다는 것을 말합니다. 반면 생산주기가 길다는 것은 한 시즌에 여러 번 나누어 생산할 시스템을 갖고 있지 못한 것이므로 처음에 왕창 만들어야 함을 의미합니다. 그만큼 재고가 남을 확률도 높아지겠죠.

이 두 가지 사례가 실제로 존재합니다. 바로 인디텍스와 H&M입니다. 2010년까지 H&M은 패션 시장을 지배했습니다([도표 2-3] 참조). 하지만 2011년부터 인디텍스가 역전합니다. 양사의 영업이익률을 살펴보아도 같은 흐름이 확인됩니다([도표 2-4] 참조).

인디텍스는 이전의 열세를 뒤집고 이익 면에서도 우위를 점하고 난 2012년 이후 그 격차를 더 크게 벌여나갑니다. 왜 역전되었고 격차가 더 커지고 있을까요? (물론 H&M도 좋은 기업입니다. 사실 이만한 기업이 우리나라에도 있으면 좋겠습니다. 이 비교는 H&M이 안 좋은 기업이라는 의미로 하는 것이 아님을 양해 바랍니다. 저도 H&M 옷 자주 삽니다.)

이 격차의 원인은 앞서 설명한 대로 다른 생산방식에서 나타납니다. [도표 2-5]를 보시죠.

이 그래프는 재고회전율을 보여줍니다. 같은 매출이라면 재고액

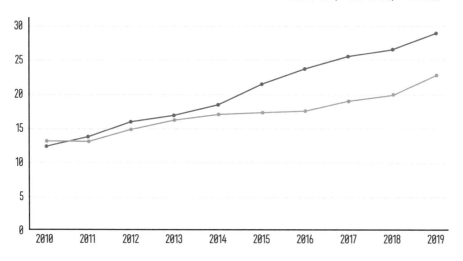

도표 2-3 인디텍스와 H&M 매출 추이

단위 : 십억 유로, ― 인디텍스 매출, ― H&M 매출

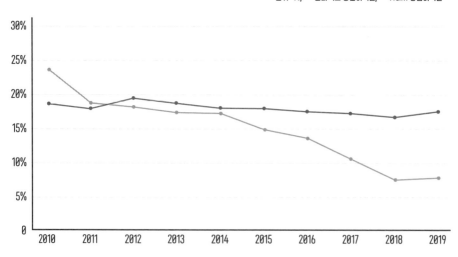

도표 2-4 인디텍스와 H&M 영업이익률 추이

단위 : %, ― 인디텍스 영업이익률, ― H&M 영업이익률

인디텍스와 H&M 재고회전율 추이

단위 : %, — 인디텍스 재고회전율, — H&M 재고회전율

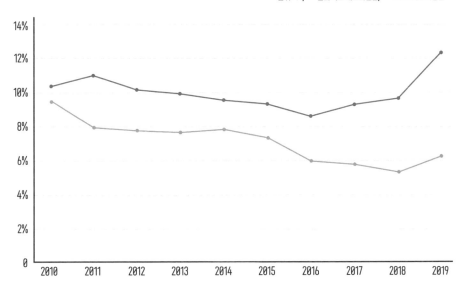

을 적게 보유할 경우 재고회전율이 높아지고 재고액이 클 경우 재고회전율이 낮아집니다. 달리 말해 생산을 더 잘게 쪼개서 신속하게 생산하면 재고회전율이 올라가고 반대의 경우 재고회전율이 떨어집니다.

[도표 2-5]를 보면 2010년 이후 해가 지나갈수록 인디텍스의 재고회전율은 높아지지만 H&M의 재고회전율은 낮아지고 있습니다. 이것은 생산주기의 차이 때문입니다. 자라는 업계에서 최상위권의 생산속도를 자랑하고 있습니다. 디자인 콘셉트부터 생산까지 2주면 모두 끝납니다. 반면 H&M은 대략 5~6개월이 걸립니다. 자라는 여러 번 나

누어 생산을 진행하는 반면, H&M은 시즌 시작 전에 주요 물량에 대해 생산을 완료해놓습니다. 이 차이가 시간이 갈수록 재고, 매출, 이익 등에 영향을 미치는 것입니다.

빠른 생산에 있어서 중요한 요소 중 하나가 디자인 작업의 효율성 향상입니다. 자라는 600명 규모의 디자인 조직이 있습니다. 전 세계 매장과 온라인 스토어에서 집계된 매출 자료에 근거하여 트렌드 분석을 하고 트렌드 분석 데이터에 근거하여 디자이너가 디자인을 합니다. 디자인 단계에서 해당 지역 매장들과 긴밀히 의사소통도 합니다. 그렇게 만들어진 디자인은 공장으로 전송되고 샘플과 메인 생산으로 이어집니다. 이 모든 과정이 물 흐르듯 착착 진행되고 있어 생산주기가 2주까지 줄어들 수 있었으며 이는 재고를 줄이면서 매출을 올리는 데 기여하고 있습니다.

H&M은 최근 몇 년간 재고 과다의 문제로 힘들어했습니다. 이제야 비로소 재고관리에 투자를 시작하고 나아지고 있다고 하니 반가운 소식입니다.

Q2. 어떻게 하면 매장을 늘리지 않으면서 매출을 극대화할 수 있을까?

소매업에서 POSPoint of sales의 수치는 매출의 크기와 동일시되는데, 매장을 늘리지 않으면서 매출을 극대화한다는 것이 가능할까요? 당연히 가능합니다. 다만 쉽지 않을 뿐입니다. 그렇다면 자라는 어떤 방법으로 매장을 늘리지 않으면서 매출을 올렸을까요?

그들은 이를 '매장 최적화Store Optimization'라는 개념으로 설명합니다. 가장 최근 보고서인 2019년도 자라의 애뉴얼 리포트를 보면 이런 설명이 나옵니다.

"인디텍스 그룹은 매장 최적화 활동을 매우 적극적으로 합니다. 2019년 한 해 동안 307개의 매장을 오픈하고 328개의 매장을 폐점했습니다."

오픈한 곳보다 없앤 매장이 더 많다는 말입니다. 그런데도 매출은 늘었습니다. 그들은 판매 데이터를 근거로 특정 지역의 효율을 평가하고 그 지역 매장 전체에 대해 평가합니다. 때로는 한 지역에 있는 전체 매장을 닫기도 하고, 또는 해당 지역 매장들의 수를 줄이기도 합니다. 즉 데이터에 근거하여 매출이 최대로 나오는 매장의 위치와 숫자의 최적 조합을 예측합니다. 그 예측에 따라 실제로 매장의 위치를 바꾸거나 통폐합하거나 아예 없애거나 새로운 위치에 오픈합니다. 이것을 매장 최적화, 즉 스토어 옵티마이제이션이라고 부릅니다.

앞서 말씀드린 1,200개의 매장을 폐점하겠다는 계획은 바로 이 스토어 옵티마이제이션의 일환입니다. 1,200개의 매장을 닫아도 450개의 매장을 추가로 오픈하면 이전의 매출이 그대로 나온다는 계산이 깔린 것이죠. 자라는 리테일 기업의 DNA를 가지고 있습니다. 매장과 세일즈 포인트를 정말 중요하게 생각합니다. 그래서 쉬지 않고 효율성을

자라 빌바오 플래그십 스토어 전경
(출처: Inditex.com)

평가합니다. 그들은 제품에도 수명이 있듯 매장도 수명이 있다고 생각합니다. 수명이 다한 매장은 절대 붙들고 있지 않겠다는 말입니다.

그들은 매장 최적화를 실현하기 위해 AI 기술을 이용하고 몇몇 매장에서 파일럿 테스트를 해왔습니다. 일례로 자라는 AI를 통해 시뮬레이션을 한 다음 스페인 빌바오에 있는 네 개의 매장을 한 개로 통합한 바 있습니다. 그 결과는 단 하나의 매장에서 이전 네 개 매장의 매출 합산과 동일한 매출을 기록한 것은 물론, 이에 더해 재고 수준이 20%까지 줄어든 것으로 나타났습니다. 테스트를 통해 매장 최적화의 정확도를 계속 높여온 것입니다.

더불어 자라가 매장 입지를 얼마나 중요하게 생각하는지는 홍보

부서 책임자인 지저스 에체바리아Jesus Echevarria의 인터뷰 기사를 봐도 느낄 수 있습니다. 이 인터뷰는 자라의 호주 시장 진출이 있던 2015년에 이루어진 것입니다.

> "자라는 오랜 세월에 걸쳐 신규시장에 진출해왔습니다. 하지만 한 번도 서두르지 않았습니다. 저희가 이번에 호주 시장에 진출한 데는 두 가지 이유가 있습니다. 첫째 이유는 호주처럼 먼 원격지를 대상으로 상품 공급을 할 수 있는 서플라이 체인의 효율성이 검증됐기 때문입니다. 두 번째 이유는 그동안 인내심을 가지고 기다린 덕분에 저희가 원하는 위치에 두 곳의 매장을 얻을 수 있었기 때문입니다. 저희는 매우 탁월한 위치에 매장을 열게 된 점을 기쁘게 생각합니다."

이러한 노력이 어떤 결과로 나타나고 있는지는 [도표 2-6]에서 확인하기를 바랍니다. 매장 최적화의 효과로 2012년부터 매장당 매출이 지속적으로 증가하고 있습니다. 더불어 [도표 2-7]도 매우 흥미로운 점을 보여줍니다.

자라는 2009년부터 2019년까지 11년 동안 연평균 매장 증가율이 4%였던 반면, 총매출 증가율은 11%였습니다. 즉 매장이 늘어난 속도보다 세 배 가까이 매출 증가 속도가 빠른 것입니다. 이는 대단히 고무적인 결과이며, 이로써 자라는 '어떻게 하면 매장을 늘리지 않으면서 매출을 극대화할 수 있을까?'라는 질문에 대한 답을 찾은 듯 보입니다.

도표 2-6 ZARA 매장당 매출

단위 : 억 원

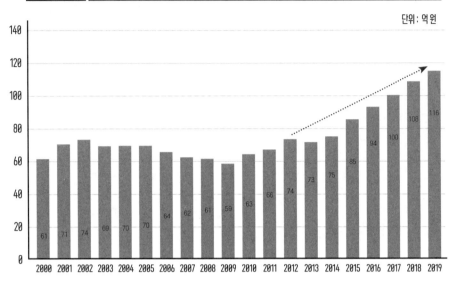

도표 2-7 ZARA 매장 증가율 VS 매출 증가율

단위 : %, — 매장 증가율, — 매출 증가율

특히 최근 6년간(2014~2019년)의 자료를 보면 매장 증가율이 지속해서 낮아져 0에 수렴하고 있는 반면, 매출 증가율은 여전히 평균 10%를 상회하는 결과가 나타나고 있습니다. 2020년은 코로나19로 인한 매출 상의 타격 탓에 이러한 정상적인 흐름이 깨질 것이 분명하지만 좀 더 장기적으로 바라보면 더 작은 수의 매장에서 더 큰 규모의 매출을 얻으려는 그들의 시도는 분명 성공할 수 있으리라 예상됩니다.

Q3. 어떻게 하면 같은 매출 규모를 가지고 이익을 극대화할 수 있을까?

자라는 이 질문에 대한 답으로 '정상 판매가의 매출 비율을 높이는 전략'을 제시했습니다. 이를 '정판율'이라 부릅니다. 제가 2012년 이탈리아 밀라노에 왔을 때를 돌이켜보면 자라 매장은 시즌이 지나면 50~80%까지 할인 행사를 했었습니다.

큰 폭의 할인행사는 언제 할까요? 재고가 많을 때 합니다. 재고를 안고 가는 것보다 빨리 정리해서 현금을 보유하는 것이 훨씬 더 유리하기 때문입니다.

하지만 지금의 자라는 예전처럼 할인을 많이 하지 않습니다. 시즌 세일 시기에도 30% 내외로 할인을 합니다. 일부 재고가 더 남은 품목은 50%까지도 할인을 하지만 매우 제한적입니다. 어찌 보면 SPA 브랜드가 다른 고가시장에 있는 브랜드보다 할인을 더 적게 하는 셈이죠. 재고가 적으니 이런 운영이 가능한 것이고, 이는 그만큼 재고관리가 탁월하게 되고 있다는 증거입니다.

더불어 온라인과 오프라인의 통합 작업도 큰 영향을 미치고 있습니다. 옴니채널*을 적극 활용하는 자라는 매장 내에서 소비자가 원하는 제품의 사이즈, 색상 등을 찾을 때 QR 코드를 읽은 후 탈의실로 가면 해당 제품이 대기하고 있는 시스템을 갖추고 있습니다. 이밖에 각종 소비자 경험을 기술로 풀어주고 있습니다.

이처럼 자라는 기술을 매우 적극적으로 사용하는 기업 중 하나입니다. 그 기술에는 AI, 빅데이터, 로지스틱 관련 기술, 창고 자동화 로봇 기술, RFID** 등 첨단기술을 총망라하고 있습니다.

정상 판매 비율을 획기적으로 높인 배경에는 이 기술들이 골고루 영향을 미쳤다고 보면 됩니다. 기술을 통한 데이터 추출, 빠른 생산, 매장 최적화, 온·오프라인 통합 등이 모두 기여를 하고 있습니다.

---

* '모든'이라는 뜻의 단어 omni와 '경로'를 뜻하는 channel의 합성어로 기존 온·오프라인 유통 채널에 IT · 모바일 기술을 융합한 유통 전략을 의미한다. 온라인과 오프라인 유통 채널을 통합해 온·오프라인 매장에 관계없이 고객에게 최선의 선택을 제공하는 게 특징이다. (출처 : Daum 백과 트렌드 지식사전3, 김환표, 인물과사상사)

** 무선 주파수(RF, Radio Frequency)를 이용하여 물건이나 사람 등과 같은 대상을 식별(IDenti-fication)할 수 있도록 해주는 기술을 말한다. RFID는 안테나와 칩으로 구성된 RFID 태그에 정보를 저장하여 적용 대상에 부착한 후 RFID 리더를 통하여 정보를 인식하는 방법으로 활용된다. (출처 : Daum 백과 국립중앙과학관 : 사물인터넷 과학관, 국립중앙과학관)

Q4. 어떻게 하면 광고비를 안 쓰고도 브랜드력을 극대화할 수 있을까?

자라는 매장을 통해 고객과 의사소통합니다. 그들의 매장을 보고 "아! 너희는 이런 브랜드구나~" 알 수 있도록 하는 게 그들이 추구하는 방식의 광고이고 홍보입니다. 때문에 늘 최고의 위치를 중요시합니다. 매장 크기도 중요합니다. 인테리어도 중요하며 일상적인 관리도 매우 중요합니다.

자라는 언제나 매장으로 우리에게 다가왔습니다. 그리고 이제 기술로 무장하여 온라인 스토어와 옴니채널 방식으로 온라인과 오프라인을 연결해 통합적으로 다가올 것입니다. 이미 그것을 위해 큰돈을 쓰기로 작정했으니까요.

한 가지 분명한 사실은 확실하지 않은 결과를 기대하며 공연히 이익만 까먹는 매체 광고비 같은 전통적인 마케팅 방식에는 절대 돈을 쓰지 않는다는 것입니다. 그것이 처음부터 지금까지 변치 않고 고수해온 자라의 방식입니다.

📈 축적의 결과가 나타나기 시작하다

자라는 1975년 창립 이래 언제나 한 분야만 고집해왔습니다. 한 분야만 하되 최고로 잘하자고 작정하고 덤비는 기업이었습니다. 최고로 잘하자고 덤비는데 포기하지 않고 꾸준히 오래 합니다. 실험을 통해 결과를 만들고 더 깊이 파고들어서 수준을 높여왔습니다. 한마디로 자라는 오직 자라와만 경쟁을 하는 느낌입니다. 자라가 가장 잘해온 것들을 생각하면 결국 네 가지 질문과 관련됩니다.

Q1. 어떻게 하면 재고를 늘리지 않으면서 매출을 극대화할 수 있을까?

Q2. 어떻게 하면 매장을 늘리지 않으면서 매출을 극대화할 수 있을까?

Q3. 어떻게 하면 같은 매출 규모를 가지고 이익을 극대화할 수 있을까?

Q4. 어떻게 하면 광고비를 안 쓰고도 브랜드력을 극대화할 수 있을까?

그들은 지난 45년 동안 이 네 가지 질문에 대한 답을 찾아왔고 그들이 찾아낸 답들은 오늘날 업계의 표준이 되었습니다. 장인정신은 어떤 제품에 대한 애정과 자부심에만 해당하는 것이 아닙니다. 기업은 자신이 가는 방향에서 근본적인 질문을 스스로 던질 줄 알아야 합니다. 그리고 기업이 존속하는 한 그 질문에 대한 답을 찾는 노력이 계속되어야 합니다.

자라는 오랜 기간 일관되게 이 질문들의 답을 찾아왔지만 2012년부터 그 효율이 배가 되어 나타나기 시작했습니다. 앞서 제시한 그래프에서도 볼 수 있듯 매출 추이, 영업이익 추이, 매장당 매출 추이 등 모든 그래프가 2012년을 시작으로 오르는 각도가 높아지고 있습니다. 물론 두 배, 세 배 이상의 차이를 가져오기에 자라는 덩치가 너무 큽니다. 자라 정도의 큰 기업이 되면 매출의 1%만 효율을 높여도 2,600억 원입니다.

자라는 네 가지 질문에 대한 답을 찾아가며 얻은 축적된 지식과 경험과 기술 덕분에 2010년 이후로 서서히 위력을 보이기 시작했고 점점 더 가속도가 붙고 있습니다. SPA 분야 세계 넘버원임을 기억하며 자라의 모습을 좀 더 면밀히 관찰하면 왜 그들이 일등이 될 수밖에 없었는지, 앞으로도 왜 그들이 일등을 유지해나갈 것이라 예상하는지 이해할 수 있을 것입니다.

혁신의 중심에는 언제나 고객

제가 흥미롭게 유료 구독하고 있는 플래닛 사이즈 브레인Planet Size Brain(페이스북 내의 유료구독 서비스)에서 이런 글을 본 기억이 납니다.

"미국이 왜 세계적인 농업국가가 됐느냐면 그들은 게으르기 때문입니다. 그들은 부지런하고 악착같지 않아서 쉬지 않고 노동을 하는 사람들이 아닌데 땅은 무지막지 큽니다. 그래서 농기구로 자동화를 한 거죠. 손으로 안 하고 기계를 만든 것은 일하기 싫고 노는 것을 좋아하는 기질 때문입니다."

자라가 전 세계 일등인 이유를 말하는데 왜 이 글을 소개하는 걸까요? 자라는 스페인 기업입니다. 스페인 사람들도 노는 것 정말 좋아합니다. 그렇다고 유별나게 스마트한 민족도 아닙니다. 그런 기질 때문에 스페인 기업은 사람에 기대어 큰 사업을 하는 것이 무리라는 것을 누구보다 잘 압니다(이건 그냥 뇌피셜로 생각해주세요.). 그래서인지 자라는 성장의 단계마다 기술을 매우 적극적으로 받아들였습니다. 크게 나누어 보면 두 단계로 볼 수 있습니다.

1단계 : 운영의 효율성을 높인다

첫 번째 단계에서는 빠른 생산주기 등 운영의 효율성을 높이기 위해 근거리에 생산공장을 대규모로 구축하고 물류센터까지 세웁니다. 여기에 쓰인 기술에는 생산관리 자동화, 물류 자동화, RFID 등을 들 수 있습니다. 다시 말해 첫 번째 단계는 기반시설을 구축하는 하드웨어 완성 단계라고 할 수 있습니다. 이 단계를 거치며 자라는 매장에서 원하는 것을 신속히 만들고, 신속히 분류하고, 신속히 배송하고, 신속히 재공급할 수 있는 모든 준비를 합니다. 사실 이것만 해도 대단하죠. 현상에 대한 완벽한 대응 체제만 갖춰도 사업 발전을 크게 이룰 수 있으니까요. 하지만 자라는 여기서 만족하지 않습니다.

2단계: 소비자 경험을 고도화한다

두 번째 단계에서는 소비자 경험을 고도화하는 소프트웨어 접근을 목적으로 하고 있습니다. 증강현실 기술과 인공지능 기술을 이용해 소비자가 다채로운 경험을 하도록 돕고, 온라인과 오프라인이 하나처럼 움직이도록 만들고, 급기야 전 세계 구석구석에서 취합되는 소비자 행동 정보, 패션 트렌드 정보, 소셜네트워크상의 정보들을 통해 사람들이 어디로 모이는지, 무엇에 관심이 증가하는지, 무엇을 사는지 등등 빅데이터와 고객이 남긴 모든 데이터를 취합해 인공지능으로 예측합니다. 어느 소재를 쓸 것인지, 어느 색상으로 할 것인지, 어느 사이즈가 좋은지, 언제 매장에 내놓아야 하는지, 어느 매장에서 팔리고 어느 매장에서 안 팔릴지, 몇 장을 만들어야 하는지, 심지어 어느 매장을 폐점하고 어느 매장은 확장하고 어디에 새롭게 매장을 만들어야 하는지 등등을 사람이 아닌 기술로 예측해서 하나하나 실험해가고 있고 그 정확도가 이제는 90%를 넘어섰습니다.

이렇게 해서 만들어진 결과가 2주 납기, 재고 최적화, 공장 자동화, 물류 자동화, 매장 최적화, 옴니채널 전략 등입니다. 사실상 이제 자라는 테크 회사입니다. 옷을 만들어 판매하고는 있지만 테크를 빼면 안 되는 기업이기 때문입니다. 웬만한 기술기업을 능가하는 이노베이션 센터가 갖추어져 있을 뿐만 아니라, 외부의 최신 기술을 적극적으로 찾아보고 필요한 것은 도입해서 테스트해보는 과정이 매우 자연스럽습니다.

2019년 애뉴얼 리포트에 나와 있는 자라의 이노베이션 개념도를 볼까요? 자라가 생각하는 혁신은 그 중심에 고객이 있습니다. 모든 혁신은 고객을 위한 것이어야 합니다. [도표 2-8]은 고객을 중심으로 다섯 개의 혁신 개념을 다이어그램으로 설명하고 있습니다.

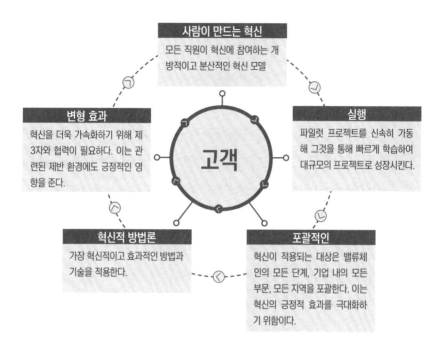

도표 2-8 ▷ **인디텍스의 차별성을 만드는 혁신 요소들**

사람이 만드는 혁신
모든 직원이 혁신에 참여하는 개방적이고 분산적인 혁신 모델

변형 효과
혁신을 더욱 가속화하기 위해 제3자와 협력이 필요하다. 이는 관련된 제반 환경에도 긍정적인 영향을 준다.

실행
파일럿 프로젝트를 신속히 가동해 그것을 통해 빠르게 학습하여 대규모의 프로젝트로 성장시킨다.

고객

혁신적 방법론
가장 혁신적이고 효과적인 방법과 기술을 적용한다.

포괄적인
혁신이 적용되는 대상은 밸류체인의 모든 단계, 기업 내의 모든 부문, 모든 지역을 포괄한다. 이는 혁신의 긍정적 효과를 극대화하기 위함이다.

첫째, 전 세계 흩어져 있는 모든 직원이 혁신에 참여하도록 개방해두고 있습니다.

둘째, 혁신이 발견되면 실용 정신에 입각해서 신속하게 파일럿 프로젝트Pilot project로 테스트합니다.

셋째, 밸류체인의 모든 단계, 기업의 모든 부문을 대상으로 혁신을 적용합니다. 예외도 없고 제외도 없습니다. 전 세계 모든 자라 조직이 이에 해당하며 이를 통해 긍정적 효과를 극대화합니다.

넷째, 가장 혁신적인 방식과 기술을 찾아 적용합니다.

다섯째, 가장 앞선 혁신적인 기술을 가진 기업과의 협업을 적극적으로 합니다.

자라가 얼마나 실용성을 중시하는지 알 수 있는 대목입니다. 한마디로 그들은 고객을 위해 무엇인가 혁신할 수만 있다면 무엇이든 하겠다는 기업 같습니다. 전 세계에 있는 그 많은 직원에게 고객의 페인 포인트pain point(고통점)를 찾도록 요청합니다. 이때 기업의 모든 부분, 모든 지역을 대상에 포함합니다. 그렇게 발견한 페인 포인트는 그것을 해결할 수 있는 최첨단 기술을 적용해 작고 빠르게 테스트하고, 결과가 좋을 경우 확대해서 적용해봅니다. 이 과정에서 기술을 가진 파트너사들과 협력하기를 주저하지 않습니다. 자라가 이렇게 협력 관계를 구축한 기술 파트너들을 보면 그 면면이 화려합니다.

- 젯로어Jetlore : 인공지능 기업으로 소비자의 행동을 예측하는 기술을 보유
- 엘 아르테 데 메디로El Arte de Medir : 스페인에서 창업된 빅데이터 전문 스타트업
- 페치 로보틱스Fetch Robotics : 물류 자동화를 위한 로봇 기술 기업
- 인텔Intel : 박스를 열지 않고도 통째로 내용물을 측정할 수 있는 디바이스 개발

∘ 타이코 마이크로칩스Tyco Microchips : RFID 기술 기업

이 외에 자라가 대외적으로는 기밀에 부치고 있지만 이노베이션 센터에서 자체 보유한 기술도 많을 것이라 예상합니다.

이 주제를 마무리하기 전에 젯로어에 대해서는 조금 더 소개하고 자 합니다. 이 기업이 궁금해서 기업 홈페이지를 찾아보니 대외적으로 닫아둔 상태였습니다. 기업의 웹페이지를 대외적으로 오픈하지 않는 기업, 더 궁금해지죠?

젯로어는 2011년 스탠퍼드 컴퓨터 사이언스 프로그램에서 만들 어진 스타트업입니다. 인공지능 기술로 예측을 하여 리테일 기업들을 돕는 사업을 합니다. 그들의 고객으로는 이베이, 노드스트롬, 유니클 로, 자라 등이 있고 국내 기업 중 LG도 그들의 서비스를 이용하고 있습 니다. 이들이 초기에 자신을 소개한 문구가 참 멋지더군요. "CRM의 마 지막 퍼즐Last puzzle of CRM(Customer Relationship Management)"이었습니다. 현재 이 기 업은 2018년 페이팔Paypal에 인수된 페이팔 자회사입니다.

자라는 리테일 기업 중에서는 가장 빨리 적극적으로 기술을 받아 들여 이제는 저만큼 앞서가는 기업이 되었습니다. 이번 코로나19 사태 에서는 지금까지보다 더 큰 규모의 투자금을 쏟아부어 기술 격차를 더 욱 벌리겠다고 선언을 했습니다.

자라가 알려주는
턴어라운드의 비밀

　자라는 2019년까지 단 한 번도 위기다운 위기를 경험하지 않았습니다. 모든 기간 선두의 자리에 있었던 것은 아니지만 멈추지 않고 묵묵히 집요하게 자기 길을 걸어왔습니다.

　그러나 코로나19로 촉발된 그들의 턴어라운드는 현재 진행형입니다. 어떻게 이 상황을 극복해 나갈지 그 결과의 윤곽이 보이기까지는 시간이 좀 더 걸릴 것입니다. 하지만 그들이 걸어온 길과 지금 가는 길을 보면 그들의 턴어라운드 전략을 짐작해볼 수 있습니다.

〰️ 방향을 잃지 않는다

기업이 가고자 하는 방향이 잘못되지 않아도 급작스러운 위기는 찾아올 수 있습니다. 이때 자라는 방향을 재확인하느라 시간을 허비하지 않았습니다. 기업의 철학이 변하지 않았다면 어려움이 닥치더라도 자신을 믿고 나아가야 합니다. 자라는 처음부터 지금까지 고객을 중심에 두고 혁신을 추구해왔습니다. 그렇기에 지금껏 해오던 활동들을 더욱 강화하는 결정을 내릴 수 있었습니다.

〰️ 위기는 이후의 점핑을 준비하는 시간이다

모두가 움츠러들 때 자라는 상황을 정확히 직시하고 오히려 대담한 투자를 결정합니다. 매장 최적화 전략은 그동안 해오던 것이지만 오히려 위기가 가장 크게 닥친 지금 일시에 시행하고 있습니다. 사실 위기의 시간이 어려운 과업을 해결하기에 적기인 경우가 많습니다. 매장 최적화를 위해 1,200개를 폐점하고 신규로 450개를 오픈한다면 그것이 자리 잡을 때는 엄청난 힘을 발휘할 것입니다.

더불어 자라는 온·오프라인 통합 작업인 옴니채널에 큰 투자를 하고 있습니다. 그들이 옴니채널을 더욱 적극적으로 발전시키기 위해 기술과 프로세스에 대대적으로 투자하는 이유는 위기 후에 더 크게 점핑하기 위함입니다.

↗ 장기적인 안목을 갖고 긴 호흡으로 해나간다

　자라는 지난 45년간의 역사를 통해 장기적인 관점과 전략의 실행으로 대단한 발전을 이루어왔습니다. 때문에 그들의 비즈니스 시각은 지금이나 다가올 1~2년에서 벗어나 있습니다. 더 길게 보고 큰 흐름을 이해하고 그것에 맞추어 준비해갑니다. 차근차근 긴 호흡으로 준비해 온 그들에게 있어 장기적인 안목은 어려운 일이 아닙니다. 이번 결정도 단기적인 시각으로는 내리기 어려운 결단이었을 것입니다. 당장은 손해가 더 커지는 결정일 수 있기 때문입니다.

　장기적인 안목은 꼭 필요합니다. 하지만 그것은 지금껏 안 하다가 갑자기 생기는 능력이 아닙니다.

자라의 사장감이었던 우리 선조

한 임원과 동행하여 출장을 다녀온 일이 있습니다. 차 안에서 제가 물었죠.

"우리 선조 중에 자라의 사장감으로 충분했던 분이 계시는데, 맞춰볼래?"

그는 웬 뜬금없는 질문이냐는 표정으로 절 바라보았습니다. 저는 우리 선조가

아들에게 남긴 서신의 한 대목을 소개했습니다.

"네가 양계를 한다고 들었다. 닭을 치는 것은 참 좋은 일이다. 하지만 닭을 기르는 데도 우아한 것과 속된 것, 맑은 것과 탁한 것의 차이가 있다. 진실로 농서를 숙독해서 좋은 방법을 골라 시험해보렴. 빛깔에 따라 구분해보기도 하고 횃대를 달리해보기도 해서 닭을 살찌우고 번드르르하며 다른 집보다 번식도 더 낫게 해야지. 또 간혹 시를 지어 닭의 정경을 묘사해보도록 해라. 사물로 사물을 얻는 것, 이것은 글 읽는 사람의 양계니라. 만약 이익만 따지고 의리는 거들떠보지 않는다거나 기를 줄만 알고 운치는 몰라 부지런히 애써 이웃 채마밭의 늙은이와 더불어 밤낮 다투는 자는 바로 셋집 사는 마을의 못난 사내의 양계인 게다.

너는 어떤 식으로 하려는지 모르겠구나. 기왕 닭을 기른다면 모름지기 백가의 책 속에서 닭에 관한 글들을 베껴 모아 차례를 매겨《계경雞經》을 만들어보는 것도 좋겠구나. 육우의《다경》이나 유득공의《연경》처럼 말이다. 속된 일을 하더라도 맑은 운치를 얻는 것은 모

름지기 언제나 이것을 예로 삼도록 해라."

이 서신은 1805년 다산 정약용이 유배 4년 만에 맏아들 학연(學淵)이 강진으로 아버지를 만나러 왔을 때 작은아들 학유(學游)에게 보낸 편지의 일부분입니다. 수원성을 축조할 때 기중기를 만들어 시험하신 다산 정약용이야말로 현대에 태어났다면 자라의 CEO로 스카우트되었을 인재라는 생각이 들었습니다.

혁신을 위해 끊임없이 이유를 찾고 기술을 찾고 작고 빠르게 시험하고 범위를 전체로 확대하는 이 과정을 무한 반복하고 있는 자라. 그만큼 자라는 실사구시의 정신, 극단적 실용주의로 무장한 기업입니다. 그것은 그들이 지금껏 이룬 성과만으로도 충분히 미루어 짐작할 수 있습니다.

자라가 알려주는 패션의 미래

얼마 전 강형근 전 아디다스코리아 디렉터가 〈패션포스트〉지와 가졌던 인터뷰 내용을 읽었습니다. 강형근 디렉터가 한 말 중 아래의 내용이 있더군요.

"자라는 재고회전율이 가장 빠른 회사다. 2주마다 신상품이 전 세계 매장에 진열되는 초스피드의 다품종 소량생산 회사다. '유통회사는 재고로 흥하고 재고로 망한다'고 한다. 자라는 이에 가장 특화되어 있다. 즉 앞으로는 RFID, IoT, 블록체인, 스마트 팩토리, 빅데이터 기술을 이용한 고객 및 수요예측으로 재고 최소화를 지켜나가는 브랜드만이 살아남을 것이다.

이커머스는 코로나 이후 더욱 급성장할 것이다. 따라서 물류, 배송, 풀필먼트 서비스가 중요한 승부처가 될 것이라는 사실에 눈을 떠야 한다.

무엇으로 차별화를 할 것인가를 선택해야 한다. '더 빨리 만든다', '싸게 만든다'는 과거의 것이다. '좋은 소재로 만든다' 역시 이미 하고 있다. 그동안 없었던 기술을 활용해 색다른 경험을 만드는 것이 남은 영역이다. 즉 온·오프라인 하이브리드 형태의 연결적 서비스 매장 체제를 빨리 갖추는 것이 경쟁 우위를 확보하는 열쇠가 될 것으로 본다. 또 이커머스의 폭발적 성장을 대비해 물류의 지능화와 풀필먼트 기능의 고도화에 대한 선제적 투자와 시스템을 갖춘 브랜드가 시장 순위를 바꿀 수 있을 것으로 본다."

이 내용을 보면서 자라가 다가오는 패션의 미래에 가장 가까이 있는 기업임을 더욱 느끼게 되었습니다.

자라를 통해 디지털 트랜스포메이션Digital Transformation, DT이라는 것에 대해 생각하게 됩니다. DT는 선택이 아니라 필수입니다. 고객에게 비교할 수 없는 더 큰 유익을 줄 수 있기 때문입니다. 더구나 이제는 기술을 개방적으로 받아들이지 않거나 적극적으로 활용할 마음이 없는 기업은 점점 더 설 자리가 사라지고 있습니다. 얼마 전 기사로 소개된 국내 패션 기업 F&F의 DT도 같은 메시지를 주고 있습니다.

F&F는 2019년 9월 마이크로소프트 출신의 이동국 이사를 영입하면서 DT 팀을 신설하고 해당 분야 최고의 인력들을 영입했습니다. 기사는 팀의 활약으로 코로나 기간에도 연이은 히트 아이템을 제작해 매출이 급감하기는커녕 오히려 증가하는 결과를 만들어냈다고 전합니다.

기술은 매출을 몇 퍼센트 높이기 위한 도구가 아닙니다. 기술은 고객의 마음과 행동을 찾아주고 알려줍니다. 고객이 무엇을 원하는지 언제 원하는지 어떤 방식으로 원하는지를 알려줍니다. 이런 이유로 기술을 가까이하지 않는 기업은 어느 분야든 경쟁력을 갖기 어렵다는 사실이 더욱 분명해지고 있습니다.

ZARA'S EPILOGUE

'옷'. 자라가 하는 사업은 인류의 역사가 시작된 이래 가장 보편적이고 일반적입니다. 그들은 옷을 만들고 팝니다. 그들이 그 사업을 더 잘하기 위해 가졌던 질문들은 사실 너무 당연해서 새로울 것이 없습니다.

'어떻게 하면 재고를 늘리지 않으면서 매출을 극대화할 수 있을까?', '어떻게 하면 매장을 늘리지 않으면서 매출을 극대화할 수 있을까?', '어떻게 하면 같은 매출 규모를 가지고 이익을 극대화할 수 있을까?', '어떻게 하면 광고비를 안 쓰고도 브랜드력을 극대화할 수 있을까?'

결국 효율을 최대로 만들어 위험을 줄이면서 돈을 더 벌겠다는 것입니다. 그것이 무슨 특별한 것인가요? 장사하는 사람은 모두 가질 수 있는 일반적인 관점이죠. 다만 그들은 그 관점을 견지하면서 수십 년 동안 더 나은 방법을 실험했다는 것입니다.

생각하는 기업이 무섭습니다. 연구하고 실천하는 기업이 무섭습니다. 포기하지 않고 꾸준히 하는 기업이 무서운 법입니다. 자라가 그런 기업입니다. 그들은 코로나19로 촉발된 위기를 능히 뚫고 나갈 것입니다. 아니, 오히려 이번 위기는 그들을 더 강력한 승자로 굳힐 것입니다.

어떤 기업에게 턴어라운드는 위기이지만 또 어떤 기업에게 턴어라운드는 절호의 기회가 됨을 자라는 보여주고 있습니다. 아직은 속단하기 이를지 모르지만 자라는 아마도 가까운 미래에 나이키를 누르고 리테일 넘버원으로 등극할 것입니다.

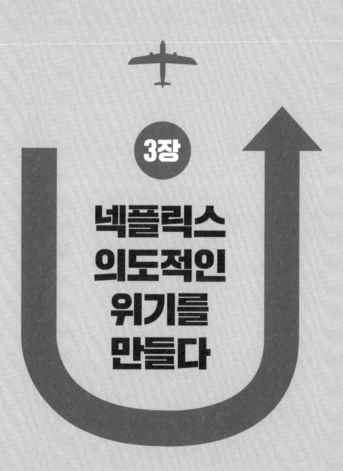

3장

넥플릭스
의도적인
위기를
만들다

NETFLIX

어느 기사 제목이 이랬습니다.

"The Year Netflix Almost Died(넷플릭스가 거의 사망한 해.)."

이런 류의 제목을 보기만 해도 섬뜩한데 그게 다른 기업도 아닌 언컨텍트 시대의 최대 수혜기업 넷플릭스를 말하는 거라니!

대체 무슨 일이 있었던 걸까요?

넷플릭스는 지구 위에 현존하는 최고의 비디오 스트리밍 서비스 기업입니다. 이 기업 없이 팬데믹 시대를 살아간다면 참으로 슬플 것입니다. 저도 넷플릭스 회원이며 지금도 시간이 날 때면 즐겨 보고 있습니다.

지금 아무리 잘나가고 주목받는 기업이라 할지라도 한때 큰 위기를 겪었을 수 있습니다. 의외로 그런 경우가 참 많습니다. 우리가 누군가를 만나고 친해질 때 그가 겪어온 어려움을 모르고는 제대로 이해할 수 없듯 망할 뻔한 넷플릭스를 모른다면 이 기업을 제대로 아는 게 아닙니다. 죽을 뻔했던 기업이 세상에서 가장 핫한 기업이 된 이야기가 여기 있습니다.

넷플릭스,
언컨텍트 시대 화제의 기업

2020년 가장 큰 화두이자 세상을 온통 뒤집은 사건은 코로나19일 것입니다. 세계 각국이 국경을 봉쇄하고 도시를 봉쇄하고 이웃 간의 왕래를 막는 초유의 사태가 발생했습니다. 사태 초기에 이어진 전문가들의 의견은 대부분 보기 좋게 예상이 빗나가 겨울이 다가왔는데도 해결의 기미가 보이지 않고 있습니다. 이번 사태로 말미암아 거의 모든 국가가 심각한 타격을 입고 있습니다. 그 와중에 한국은 상대적으로 충격이 적어 다행이고 위안이 됩니다.

제가 있던 영국과 현재 살고 있는 이탈리아 모두 매우 심각한 상황에 부닥쳐 사상자 수에서뿐만 아니라 경제적으로도 최악의 상황을 맞이했습니다. 그 피해는 고스란히 기업에게 전해져 도산 위기에 몰린 기업의 숫자가 엄청나지만 모두가 두려움에 말조차 꺼내지 못하고 있습니다. 유럽에서 경험한 석 달간의 원천봉쇄와 영업 중단이 어떤 것인지 경험해본다면 제가 느끼는 공포를 이해할 것입니다. 대부분의 기업이 연간 목표 매출 30% 이상의 하락을 손가락 하나 까딱할 수 없는 처지로 받아들여야만 합니다. 이렇게 하락한 매출은 고스란히 현금 부족으로 이어져 심각한 유동성 위기에 빠지고 있습니다.

하지만 이런 와중에도 봉쇄 기간 동안 오히려 실적이 오른 기업들이 있습니다. 이번 이야기의 주인공도 그 행운의 기업 중 하나입니다. 바로 지구에 현존하는 최고의 비디오 스트리밍 서비스 기업 넷플릭스입니다(설마 모르시는 분은 없겠죠?).

구글의 발표에 따르면, 코로나19 사태가 발생한 이후 넷플릭스에 대한 조회 수가 142%나 상승했다고 합니다. 2020년 1분기에만 1,580만 명의 가입자가 증가했는데 이는 애초 목표치인 700만 명의 두 배를 훌쩍 뛰어넘는 어닝 서프라이즈(기대를 뛰어넘는 깜짝 실적 발표)입니다. 넷플릭스는 누가 보더라도 오늘날 세상에서 가장 핫한 기업 중 하나이면서, 코로나19로 인해 급속도로 빨라지는 언컨택트 시대의 흐름에 가장 적합한 비즈니스 모델을 보유한 기업입니다.

하지만 이런 넷플릭스도 한때 큰 어려움과 고초를 겪었습니다. 다만 그들이 겪은 위기는 다른 기업들의 것과는 다소 결이 다릅니다. 이제부터 그 내용을 찬찬히 살펴보도록 하겠습니다.

넷플릭스, 이 정도일 줄이야!

1997년에 창립된 넷플릭스는 2002년 5월 29일 미국 나스닥 시장에 상장했습니다. [도표 3-1]는 넷플릭스 상장 이후부터 지금까지의 주가 변동을 정리한 것입니다. 참고로 현재(2020년 10월 22일 종가) 넷플릭스의 주가는 주당 485달러입니다.

만일 IPO 당시에 넷플릭스에 투자했다면 어느 정도의 수익을 올렸을까요? 놀라지 마세요. 자그마치 344배로 불어나 있을 것입니다. 즉 100만 원을 투자했다면 18년 후인 지금 3억 4,300만 원이 되어있을 것이고, 이 수치를 연간 수익률로 환산하면 41%라는 기록적인 결과가 나옵니다. 이는 이 책의 세 번째 사례에 등장하는 스타벅스를 통한 수익률의 약 두 배입니다.

도표 3-1

넷플릭스 상장 후 주가 변동

단위 : 달러

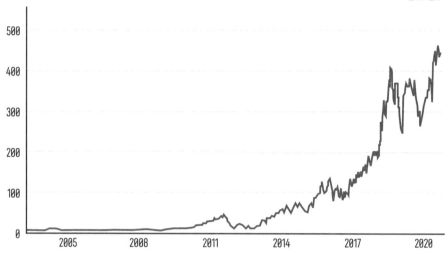

이 정도 수익률이라면 18년이라는 기간 동안 넷플릭스 주주들은 사채업자나 거두어들일 만큼의 수익을 올린 것이나 다름없습니다. 정말 대단하지 않은가요?

그들은 어떤 비결로 이런 어마어마한 성과를 만들어낼 수 있었을까요? 기왕 살펴본 김에 넷플릭스가 거둔 외형적인 기록들을 몇 가지 더 살펴보겠습니다. 왜 이렇게까지 투자자들이 이 기업에 대해 열광을 하는지 말입니다.

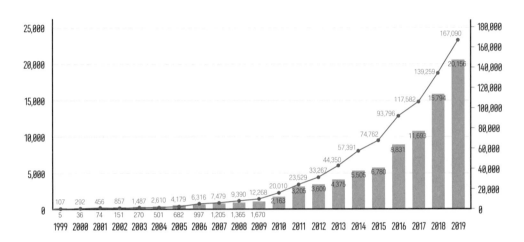

도표 3-2 　넷플릭스 연도별 가입자 수 및 매출액

단위 : 백만 달러, 천 명, ■ 매출, — 가입자 수

넷플릭스 창립 이듬해인 1999년도부터 2019년까지의 매출 성장 기록을 수치로 보면 21년 만에 4,153배 늘어났고 이를 연평균 성장률로 환산하면 52%입니다. 매출 88억 달러(약 10조 원)를 돌파한 2016년 이후 최근 4년간의 평균 매출 성장률만을 보더라도 31%라는 놀라운 성장세가 지금도 여전히 이어지고 있습니다.

　넷플릭스의 매출은 가입자 수와 연동됩니다. 그래서 가입자 수 또한 매출 성장률과 유사한 패턴이 보입니다. 2019년 말 기준으로 총가입자 수는 1억 6,700만 명이며 이 숫자는 여전히 멈출 줄 모르고 늘어

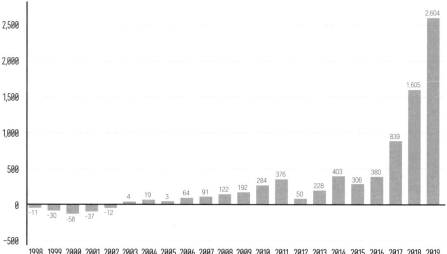

넷플릭스 영업이익 변화

단위 : 백만 달러

2,500	2,604
2,000	
1,500	1,605
1,000	
500	839
0	
-500	

-11 -30 -58 -37 -12 4 19 3 64 91 122 192 284 376 50 228 403 306 380

1998 1999 2000 2001 2002 2003 2004 2005 2006 2007 2008 2009 2010 2011 2012 2013 2014 2015 2016 2017 2018 2019

나고 있습니다. 코로나19 사태가 발생한 2020년은 가입자 증가세가 더욱 가파르게 높아지고 있습니다.

그러나 매출은 고속 성장을 해왔지만 영업이익 면에서는 그리 높은 성과를 보이지 못했습니다([도표3-3] 참조). 창립 이후 2019년까지 연도별 영업이익을 모두 합산한 금액을 매출 합산액으로 나누면 8.3%의 이익률이 나옵니다(평균 이익률이라고 보아도 무방합니다.). 초기 5년 동안은 돈을 벌기는커녕 손해를 보았고 그 후로 이익이 가장 높았던 때도 13%의 이익에 불과했습니다. 사실 영업이익률 면에서 볼 때 넷플릭스는 초우량기업이라 부르기에 다소 애매한 부분이 있습니다.

하지만 이것은 이유가 다 있는 것이죠. 전략적으로 일부러 이런 선택을 한 것이기에 문제가 된다기보다 오히려 대단히 똑똑하게 사업을 해나간다고 평가할 수 있습니다. 만일 이런 전략을 추구하지 않았다면 어쩌면 오늘날의 넷플릭스는 존재하지 않았을지도 모를 일입니다.

위기의 징조

　다음 페이지에 있는 사진에는 여러 유명 기업가가 등장합니다. 시스코 전 CEO인 존 챔버스, 오라클 창업자이자 이사회 의장인 래리 엘리슨, 야후 전 CEO인 캐롤 바르츠, 애플 창업자이자 전 CEO인 스티브 잡스, 페이스북 창업자이자 CEO인 마크 주커버그 등이 한자리 모여 오바마 대통령의 제안에 따라 건배를 하는 모습입니다. 2011년 2월 캘리포니아 우드사이드에서 대통령의 주관하에 기술선도 기업 중에서 주목받는 리더들이 모인 매우 뜻깊고 영광스러운 자리였습니다.

　여기에 모인 사람들은 모두 미국을 대표하는 기술기업의 대표였고 넷플릭스 창업자이자 CEO인 리드 헤이스팅스Reed Hastings도 초대받았습니다. 당시만 해도 리드는 스티브 잡스, 마크 저커버그 등과 어깨

출처 : Official White House Photo by Pete Souza

를 나란히 하는 경영자로 인정받고 있었습니다.

하지만 이 모임이 열린 때로부터 불과 7개월 후 리드 헤이스팅스
는 언론으로부터 '어리석은 경영자'로 조롱받는 신세가 됩니다.

이야기를 본격적으로 시작하기 전에 창업자이자 경영자인 리드
헤이스팅스에 대해 알아볼 필요가 있습니다. 왜냐하면 넷플릭스의 위
기는 경영자의 특성과 관련이 있기 때문입니다. 그의 전체 인생 스토
리가 궁금한 분들은 개별적으로 찾아보기로 하고 여기서는 넷플릭스
의 위기와 턴어라운드와 관련해 설명이 필요한 부분을 중심으로 이야
기를 이어나가도록 하겠습니다.

92

⚡ 넷플릭스 시작 이전에 이미 성공을 경험한 기업가

리드 헤이스팅스는 1991년에 퓨어 소프트웨어Pure Software라는 기업을 창업하여 1995년도에 상장시키고 1997년 8월 레이셔널 소프트웨어Rational Software에 매각했습니다. 당시 7억 달러(약 7,800억 원)에 회사를 매각했는데 이는 실리콘밸리 M&A 역사상 최고가에 해당하는 가치였습니다. 그는 넷플릭스 이전에 창업, 상장, 매각을 두루 경험해본 성공한 사업가이자 이미 부자였습니다.

⚡ 사업의 매각과 동시에 새로운 사업을 시작

1997년 8월 퓨어 소프트웨어 매각과 동시에 신규 사업인 넷플릭스를 창업했습니다. 그 정도로 그는 사업을 즐기는 사람이었고 에너지가 넘치는 기업가였습니다. 그가 넷플릭스를 창업할 때 투자한 자금은 250만 달러(약 30억 원)였습니다. 이전 사업체를 매각하면서 번 돈 중의 일부를 곧바로 새로운 사업에 투자한 것이죠. 큰돈을 벌면 편안히 놀며 쉬고 싶은 마음이 들 법도 한데 그는 쉼 없이 곧바로 치열한 스타트업 세계에 뛰어듭니다.

⟋ 미래 시장을 보는 안목이 탁월한 사업가

그는 당시 블록버스터Blockbuster가 지배하고 있던 DVD 대여 사업에 주목했습니다. 왜냐하면 가정에서 즐기는 무비 엔터테인먼트 분야가 성장할 것으로 내다봤기 때문입니다.

후발주자로서 1위 기업인 블록버스터를 능가하기 위해 넷플릭스는 DVD 대여를 메일링 신청 방식으로 바꾸어 급성장을 이룹니다. 이로써 구독자가 대폭 증가하긴 했지만, 리드는 사업을 본격적으로 키우는 데 있어 DVD 대여 사업은 한계가 있다고 생각했습니다. 그래서 그는 스트리밍 서비스를 도입하기로 합니다.

DVD 대여 사업이 한창 잘 나가고 있던 2005년부터 리드는 스트리밍 서비스 사업으로 전환해야 함을 공개적으로 말하고 다녔고 실제로 2년 후인 2007년 스트리밍 서비스를 시작했습니다. 지금의 넷플릭스는 15년 전 그가 예견했던 대로 스트리밍 서비스 분야의 세계적인 기업이 되었습니다.

⟋ 명백한 방향, 목표 설정, 집요한 집중

리드 헤이스팅스는 사업 초기 블록버스터를 이기기 위한 전략에 집중했습니다. 양심적이라고 볼 수는 없지만 그가 사업을 시작한 계기도 블록버스터의 약점을 파고들어 자신의 비즈니스 모델이 그들보다 나음을 어필하는 것이었습니다.

> "블록버스터에서 〈아폴로 13호〉 DVD를 빌려서 봤는데 반납 시기
> 를 놓쳐서 벌금을 40달러나 냈습니다. 상당히 불쾌한 경험이었습
> 니다. 내가 한다면 이렇게 하지 않을 텐데 하는 생각이 들어서 사업
> 을 시작했습니다."

이것이 그가 언론에 말한 넷플릭스의 창업 동기였고, 이는 소비자
들의 공감을 얻는 데 유용하게 사용되었습니다.

하지만 훗날 리드와 헤어진 공동 창업자 마크 랜돌프에 의해 이
이야기는 고객의 시선을 끌기 위해 리드가 계획적으로 꾸며낸 이야기
임이 밝혀졌습니다. 흥미로운 사실은 사업 초기 이들이 비즈니스 방향
을 "무엇인가 다른 것을 아마존 방식으로 하는 것like Amazon with something"
이라 정했다는 것입니다. 넷플릭스를 깊이 연구하면서 제가 느꼈던 부
분이 바로 '스트리밍 분야의 아마존 같네.'였으니 다 그럴 만한 이유
가 있었던 거죠.

블록버스터라는 공룡기업이 버티고 있는 시장에 새롭게 들어가기
를 겁내지 않았던 사람, 새로운 아이디어를 시도하길 주저하지 않았던
사람, 시장의 변화를 느끼고 그 변화를 망설임 없이 받아들인 사람, 변
화에 따른 대가가 막대했지만 피하지 않은 사람, 사업 초기 5년간 손
실이 발생하는 상황에서도 방향을 바꾸지 않은 사람, 장기적으로 시장

의 흐름을 읽고 그 길에서 벗어나지 않은 사람, 눈앞의 이익보다 가입자 수의 확장을 최우선 순위에 두고 사업을 키워온 사람, 양질의 서비스를 위해 막대한 규모의 투자를 주저 없이 단행한 사람, 미국 시장에 안주하지 않고 세계 시장에 나아가기를 꿈꾼 사람.

이렇게 쓰고 보니 리드 헤이스팅스를 찬양하는 것처럼 보이지만 제가 그 사람을 어찌 알고 추켜세우겠습니까? 그냥 넷플릭스를 연구하면서 당시의 상황을 살피다 보니 그가 달리 보였다는 거죠. 저라면 그렇게 할 수 있었을까 하는 생각도 들었고요.

그는 크고 장기적인 비전을 세우고 나아가야 할 방향을 뚜렷이 정한 후 뚜벅뚜벅 실행에 옮기는 뚝심이 대단한 사람이었습니다. 5년간 이어진 적자가 2002년까지 누적 1억 4,800만 달러에 이르렀음에도 흔들리지 않고 목표한 길을 걸어갔습니다.

〈포춘〉지는 리드 헤이스팅스를 2010년 올해의 CEO로 선정했습니다. 하지만 인생사가 다 그렇듯이 인생의 전성기였던 2010년, 정부와 언론의 스포트라이트를 받고 있던 바로 그때, 위기가 서서히 다가옵니다.

거듭되는 실수, 커지는 충격

리드 헤이스팅스의 마음속에는 처음부터 단 한 가지 뚜렷한 목표가 있었습니다.

"아마존처럼 세계를 상대로 거대한 사업을 해나갈 것이다."

사업 시작 단계에서부터 롤 모델로 삼아 닮고자 했던 기업이 아마존이었습니다. 그리고 2005년부터 줄곧 '스트리밍, 스트리밍' 강조하며 다녔다고 합니다. 그가 스트리밍에 집착했던 이유는 세계를 상대로 사업을 할 수 있는 최적의 도구로 여겼기 때문입니다. 시간과 공간의 제약 없이 무한대로 성장할 수 있는 비즈니스는 스트리밍을 통해서만 가능하다고 믿었기에 스트리밍에 대한 그의 애착은 매우 집요했습니다.

실제로 리드는 트럭에 DVD를 한가득 싣고 배달하는 실험을 공개적으로 한 바 있습니다. 이 실험의 목적은 물리적 배송이 스트리밍과 비교해 얼마나 느린지 직원들에게 직접 확인시키기 위함이었습니다. DVD 배달로는 스트리밍과 경쟁할 수 없음을 모두에게 각인시키려 한 것이죠.

리드의 바람대로 넷플릭스는 2007년 스트리밍 서비스를 시작합니다. 하지만 그로부터 몇 년의 시간이 지난 2011년까지도 여전히 넷플릭스의 주된 사업은 DVD 대여였습니다. 이즈음부터 리드의 조급함이 드러나기 시작합니다. 스포티파이Spotify라는 기업이 혜성처럼 등장했기 때문입니다.

스포티파이는 2006년에 설립되어 2008년 10월에 서비스를 론칭한 음악 스트리밍 서비스 기업입니다. 서비스 개시 2년 반 만에 유료회원 수 100만 명을 달성했고 그로부터 불과 6개월 만에 200만 명을 돌파합니다. 2005년부터 스트리밍의 중요성을 강조하고 다녔던 리드 입장에서 보자면, 넷플릭스가 스트리밍에 대해 소극적인 행보를 보이는 사이 새로운 기업이 공격적으로 확장해가는 상황이었으니 이만저만한 충격이 아니었을 것입니다.

설상가상으로 스트리밍 서비스 분야에 뛰어드는 경쟁사들이 늘어났습니다. 2008년 10월 부두Vudu라는 기업이 스트리밍 서비스 분야에 도전장을 던졌고, 2010년에는 훌루Hulu라는 기업이 훌루 플러스Hulu Plus

라는 스트리밍 서비스를 론칭합니다. 리드의 위기감은 최고조에 달했습니다. 그는 넷플릭스가 더 공격적으로 나아가지 않는다면 누군가가 스트리밍 시장을 차지할 것이라며 이제 남은 시간이 정말 얼마 남지 않았다고 틈만 나면 강조했습니다. 그는 미국뿐만이 아닌 세계 시장을 대상으로 하여 스트리밍 시장에서 가장 큰 플레이어가 되고 싶었기에 한없이 마음이 조급해졌습니다.

📈 넷플릭스 서비스 요금 인상과 가입자의 이탈

2010년 9월을 시작으로 2011년 9월 중순까지 약 1년이라는 짧은 기간에 리드는 공격적으로 해외시장을 개척해나가기 시작합니다. 이 기간에 그가 서비스를 론칭한 시장은 캐나다, 브라질, 아르헨티나, 우루과이, 파라과이, 칠레, 볼리비아, 페루, 에콰도르, 멕시코 등 미주 대륙입니다. 대개 그가 직접 해당 국가로 가서 론칭을 지휘했을 정도로 리드는 해외시장 개척에 적극적이었습니다.

그러던 중 2011년 9월 중순 해외 출장에서 돌아온 이후 그는 넷플릭스 역사에 기록될 중요한 뉴스를 발표합니다. 넷플릭스 서비스 가격을 인상한 것입니다.

당시까지 한 상품이던 통합 패키지(DVD+스트리밍 세트)를 두 가지 상품으로 분리하고 가격을 인상합니다. 통합 패키지 상품인 '올인원 패키지all-in-one package'가 월 10달러였는데, 'DVD 서브스크립션 인 메일

DVD subscription in mail'과 '스트리밍 서비스Streaming service'라는 두 가지 상품으로 구분하면서 각각의 서비스 가격을 월 8달러로 책정한 것입니다. 결과적으로 두 서비스를 모두 이용하려면 10달러에서 16달러를 지불해야 했으므로 이전과 대비하여 60%나 가격을 올린 셈입니다.

성난 고객들의 항의가 빗발치듯 이어졌지만 이미 내려진 결정은 번복되지 않았습니다. 오히려 불난 곳에 기름을 붓는 두 번째 조치를 발표합니다.

주 사업 부문인 DVD 대여 사업을 넷플릭스에서 분사시키겠다는 내용이었습니다. 분사될 새로운 회사 이름은 퀵스터Qwikster로 정했습니다. 혼란에 빠진 고객들은 크게 분노했습니다.

발표 후 며칠 사이 80만 명이 넷플릭스 가입을 해지했고, 3분기 전체에 마음을 바꾼 잠재적 신규 가입자까지 포함하면 약 100만 명의 가입자가 이탈하는 상황이 발생했습니다. 더불어 주가는 고점이었던 2011년 7월 300달러 대비 80%나 빠진 60달러까지 떨어집니다.

뒤늦게 사태의 위급함을 인지한 리드가 한껏 낮춘 자세로 사과문을 발표합니다.

"죄송합니다. 제가 일을 제대로 처리하지 못했습니다. 과거의 성공에 취해 겸손함을 잊었습니다. 충분히 설명드리지 않고 경솔한 결정을 했습니다."

하지만 리드의 사과에도 불구하고 상황은 나아지지 않았습니다.

넷플릭스 영업이익 변화

단위 : 백만 달러　■ 영업이익, ― 영업이익률

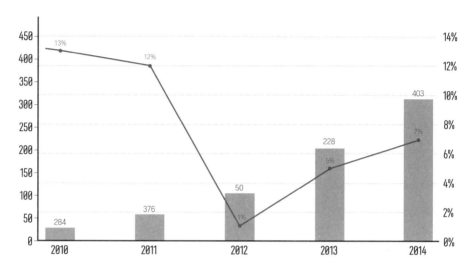

비록 사과하고 DVD 대여 사업의 분사에 대해서는 철회했지만 가격 인상에 대한 결정은 그대로 강행했기 때문입니다. 이로 인한 재무 결과는 [도표 3-4]에서 확인할 수 있습니다.

　2011년 9월에 사건이 터졌으니 당해년도보다는 다음 해인 2012년에 더 큰 영향이 나타났습니다. 영업이익률이 2011년 12%에서 2012년 1%로 자그마치 11%나 하락을 했습니다.

📈 주변의 반대에도 강행한 CEO의 결심

주변의 반대와 만류에도 불구하고 리드 헤이스팅스는 왜 이런 결정을 했을까요?

이 부분을 조사하면서 당시 리드 헤이스팅스가 느꼈을 외로움을 느낄 수 있었습니다. 주변 모든 사람으로부터 비난받고 고객에게 협박까지 받으면서 그가 고집스럽게 결정을 번복하지 않고 밀고 나갔던 이유는 훗날 결과로 명료하게 설명됩니다. 하지만 당시의 그는 외로웠을 것입니다. 힘에 겨웠을 겁니다. 굳이 힘든 길을 가야 하나 망설임도 있었을 겁니다. 그가 그래야만 했던 이유는 다음과 같습니다.

첫째, DVD는 기우는 사업이지만 스트리밍은 뜨는 사업이기 때문입니다.

둘째, 스트리밍 서비스 사업이 레드오션이 되기 전에 빠르게 치고 들어가서 국내시장뿐만 아니라 해외시장에서 최고의 위치를 선점해야 했기 때문입니다.

셋째, 스트리밍 서비스를 선점하기 위해선 공격적인 투자를 해야 하고 투자를 위해서는 충분한 자금이 있어야 했기 때문입니다. 스트리밍 서비스가 성공하기까지 몇 년이 걸릴지 아무도 알 수 없었습니다. 따라서 스트리밍에 투자할 돈을 기존 사업에서 벌어들여야 합니다. 즉 DVD 대여 사업의 수익률을 최대로 끌어올리고 최장기간 벌 수 있는 만큼 오래 벌어야 했기 때문입니다.

이렇게 명확한 방향과 전략을 가지고 모험을 감행한 것이지만 대부분의 사람이 그를 탐욕스러운 기업가로 취급했습니다. 방송에서도, 언론에서도, 심지어 내부직원 중에서조차 그를 스크루지에 비유했고 그의 역량을 의심했습니다.

넷플릭스의 턴어라운드 전략

지금까지의 이야기를 토대로 넷플릭스가 실행한 턴어라운드 전략을 정리해보겠습니다. 복잡하지 않습니다. 사실 너무 단순해서 살짝 당황스럽기까지 합니다. 하지만 단순하기가 더 어려운 법이죠. 단순한 전략을 힘있게 구사하는 게 진짜 고수의 실력입니다. 자, 고수의 전략을 보시죠.

방향이 틀리지 않았으니 저항이 있더라도 밀고 간다.

리드의 사과를 잘 뜯어보면 자신의 결정이 잘못됐다는 언급은 조금도 없습니다. 자신의 결정이 옳다고 생각하지만 고객을 준비 없이 놀라게 해서 미안하다는 정도입니다. 고객과의 의사소통 방식이 미숙 했음에 대한 사과였을 뿐입니다. 그렇기에 그는 서비스 가격에 대한 자신의 결정을 번복하지 않았습니다. 오히려 이로 인한 위기를 기회로 삼아 더 빠르게 가는 계기로 삼았습니다.

📈 DVD 가입자를 많이 잃었으니 스트리밍 가입자를 더 늘린다. 특히 해외시장에서 가입자 수를 적극적으로 늘린다.

이 전략을 설명하기에 그래프보다 좋은 것이 없습니다. [도표 3-5]를 보시죠. 2011년부터 그 이후의 서비스별, 지역별 가입자 수의 변동 상황을 정리한 것입니다. DVD 가입자 수가 매년 줄어들고 있는 반면 스트리밍 가입자 수는 매년 가파르게 늘고 있습니다. 특히 그가 목표로 했던 것처럼 해외에서 유입되는 가입자 수가 더 빠르게 늘고 있습니다. 아직 DVD 구독자가 존재하는 점이 흥미롭습니다. 2019년 기준으로 220만 명이나 남아있습니다. 이 부문에서 나오는 수익률도 50%가 넘어 금액으로 보면 아직도 1,000억 원 상당의 이익을 DVD 대여 사업으로 벌어들이고 있습니다.

이보다 스마트할 수 있을까요? 2011년 '나가려면 나가'라는 듯 파격적으로 서비스 가격을 올림으로써 이익을 극대화했던 조치가 결국 스트리밍 서비스를 세계적으로 키우는 씨드 머니seed money가 되어 그

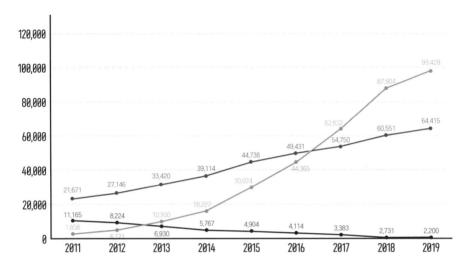

도표 3-5

넷플릭스 서비스 가입자 수

단위 : 천 명 ― 미국 스트리밍, ― 해외 스트리밍, ― 미국 DVD

역할을 톡톡히 한 것입니다.

2017년 이후부터는 스트리밍 해외 가입자 수가 미국 가입자 수를 누르고 넷플릭스 수입원 1위가 됩니다. 리드 헤이스팅스가 [도표 3-5]를 2005년에 그려보고 있었다는 게 놀랍기만 합니다.

📈 스트리밍 가입자를 위해 큰 투자를 단행해 콘텐츠를 최강으로 만든다.

넷플릭스는 그들의 경쟁력이 어디서 나오는지 알고 있었습니다. 그것은 바로 고객을 끌어당기는 매력적인 콘텐츠입니다. 넷플릭스가 처음으로 시도한 자체 제작 드라마와 영화들은 스트리밍 서비스 기업으로서 사업의 영역을 확장하는 신기원을 마련했습니다.

2013년 2월 넷플릭스 오리지널의 이정표를 쓴〈하우스 오브 카드 House of Cards〉를 비롯해서 2013년에 3편의 시리즈, 2014년에 1편, 2015년에 5편, 2016년에 6편, 2017년에 11편 등 넷플릭스는 매년 자체 제작 드라마와 영화의 편수를 늘려가고 있습니다. 또한 세계 각국의 드라마와 영화 제작에도 참여하고 있습니다.

넷플릭스는 매년 1조 원 이상의 자금을 콘텐츠 제작에 투자하고 있습니다. 이제는 넷플릭스가 스트리밍 서비스 기업인지 영화나 드라마를 제작하는 기업인지 헷갈릴 지경입니다. 사실 그러한 구분이 구시대적인 통념이라고 생각하게 만든 것도 넷플릭스입니다.

넷플릭스의 턴어라운드 성과

위기의 결과는 2012년에 가장 크게 나타났고 2013년에도 일부 영향을 미쳤습니다. 하지만 2017년 스트리밍 해외시장 가입자 수가 미국 국내를 넘어서면서 빠른 속도로 회복하였고, 이때부터 영업이익의 규모가 급속도로 커지기 시작합니다. 그리고 당분간 이런 추세는 계속해서 이어질 것으로 예상됩니다([도표 3-6] 참조).

넷플릭스를 보면서 느낀 특이한 점은 이들이 맞이한 턴어라운드는 외부적인 환경으로 인한 것이 아닌, 시장의 흐름을 예측하고 분명한 확신과 자신감으로 다분히 의도적인 턴어라운드 상황을 만들었다는 것입니다. 물론 리드 헤이스팅스도 서비스 가격을 인상하는 결정을 했을 때 80만 명이나 되는 가입자가 탈퇴하고, 주가가 80%나 추락

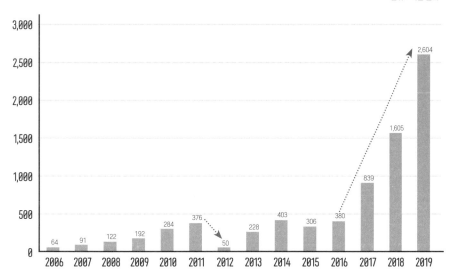

도표 3-6 넷플릭스 영업이익 변화

단위 : 백만 달러

할 것이라는 예상은 하지 못했을 것입니다. 그도 적지 않게 당황하여 사과문까지 발표했으니까요. 그렇지만 어차피 한번은 맞이할 변화였고 그것이 좀 더 빨리, 좀 더 크게 왔을 뿐이죠. 방향이 바뀌지 않는 한 결정 자체가 잘못된 것은 아니라는 자신감이 없었다면 더 우왕좌왕했으리라 생각합니다.

이 상황을 지금의 나에게 그리고 회사에 적용해볼 때 자신 있게 리드처럼 할 수 있다고 말할 사람이 얼마나 있을까요? 큰 희생을 감수하면서까지 자신이 예측한 방향에 확신을 가지고 우직하게 밀고 나아갈 기업이 얼마나 있을까요? 주가가 80%나 하락하는 상황에서 주주들의 비난과 원망을 견디며 저런 퍼포먼스를 보여줄 경영자가 우리 주변에서도 나왔으면 합니다. 더불어 리드 헤이스팅스와 넷플릭스의 더 큰 성장이 앞으로도 기대가 됩니다.

넷플릭스가 보여주는 두 시대의 충돌

넷플릭스는 DVD와 스트리밍으로 대변되는 두 시대의 충돌을 잘 보여줍니다. '기술'과 '라이프 스타일'의 변화에 있어 DVD와 스트리밍의 충돌은 흡사 피쳐폰의 대명사인 노키아와 스마트폰의 대명사인 애플의 충돌과도 같았습니다. 차이가 있다면 두 시대의 충돌이 같은 기업 안에서 이루어졌다는 것입니다. 두 시대의 충돌을 주가 흐름으로 보면 [도표 3-7]과 같습니다.

스트리밍이라는 새로운 문화 흐름을 이전의 DVD 문화로 되돌릴 수는 없습니다. 애초에 불가능합니다. 영화를 언제 어디서나 원하는 디바이스에서 제한 없이 자유롭게 즐길 수 있는 편리함을 어떻게 이전의 제한된 기술이 이길 수 있겠습니까? 비즈니스 축을 스트리밍으로 이동한 후의 넷플릭스 주가 흐름을 그 이전과 비교하면 이를 명확하게 확인할 수 있습니다. 인류는 절대 뒤로 돌아가지 않습니다. 이것은 피쳐폰과 스마트폰의 충돌에서 그대로 증명된 바 있습니다.

[도표 3-8]도 살펴볼까요? 가입자 수와 영업이익률을 나타내는

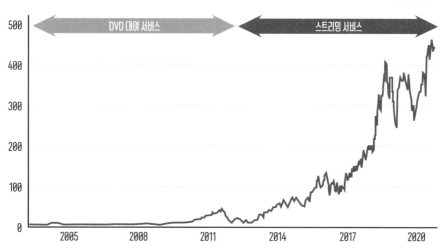

도표 3-7 넷플릭스 상장 후 주가 변동

단위 : 달러

DVD 대여 서비스 　　스트리밍 서비스

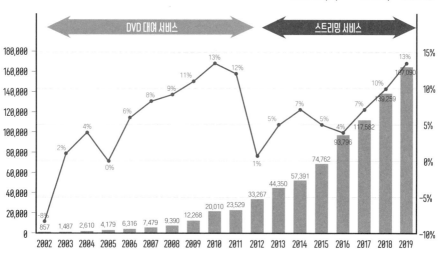

도표 3-8 넷플릭스 가입자 수 및 영업이익률 변동

단위: 천 명, %, ▬가입자 수, ―영업이익률

DVD 대여 서비스 　　스트리밍 서비스

그래프입니다.

2012년 스트리밍 서비스로 전환한 후 증가하는 가입자 수의 기울기를 보세요. 이전의 증가세는 완만하게 보일 정도입니다. 자동차로 설명하자면 제한 속도 30킬로미터인 어린이 보호구역을 지나가다가 제한 속도 130킬로미터인 고속도로로 갈아탄 듯한 느낌입니다.

가입자 수와 영업이익률 모두 스트리밍 시대에 비로소 가파르게 실적이 오르는 공통적인 현상을 볼 수 있습니다. 이것이 기술이 라이프 스타일의 필요를 채워주었을 때 나타나는 폭발적인 성장입니다.

넷플릭스는 영화감상에 대한 라이프 스타일의 변화를 충족시킬 기술의 등장을 조기에 발견하고 그것에 올라탄 선구적인 기업입니다. 그리고 그 거대한 흐름에 올라타기 위해 스스로 턴어라운드 과정을 유도하고 활용한 모험적인 기업입니다.

넷플릭스가 알려주는
턴어라운드의 비밀

넷플릭스가 보여준 턴어라운드 상황은 다른 기업들과는 결이 조금 다릅니다. 그들이 맞은 위기는 다가온 위기가 아니라 초대한 위기입니다. 새로운 방향으로 더 빨리 가기 위해 그들은 의도를 가지고 턴어라운드 상황을 만들었습니다. 그런 점에서 넷플릭스의 턴어라운드 과정은 참고할 가치가 충분합니다.

📈 기업은 위기를 통해 가고자 하는 길을 더 빨리 갈 수 있다

DVD 구독 서비스 가격의 대폭 인상과 DVD 대여 사업의 분사 결정으로 해당 분야의 인력이 빠져나가고 조직의 규모가 축소했습니다. DVD 대여 사업에는 더 이상의 마케팅 비용도 집행하지 않았습니다. DVD 대여 사업으로 벌어들이는 매출 규모는 매년 줄어들고 있었지만 수익률은 여전히 50%가 넘는 고수익 사업이었습니다. 그래서 DVD 대여 사업을 수명이 다하는 때까지 유지하고 그곳에서 얻은 수익을 부상하는 기술인 스트리밍에 재투자합니다. 스트리밍 서비스 확장에 속도를 더 붙이기 위함이었죠. 즉 턴어라운드를 통해 애초에 가고자 했던 방향으로 더 빠르게 가는 선택을 한 것입니다.

📈 중요한 건 기업의 방향을 명확히 하는 것이다

리드 헤이스팅스가 가졌던 초기의 모토인 "무엇인가를 아마존 방식으로"가 지금까지 넷플릭스를 이끌어온 큰 방향이었습니다. 이 방향에 맞추어 사업을 키우려면 필요한 것이 있습니다. 장소에 구애받지 않는 사업, 거리에 구애받지 않는 사업, 제한 없이 고객이 늘어날 수 있는 사업 등의 조건이 맞아야 합니다. 스트리밍은 그 모든 조건을 채워줄 최적의 기술이었고 기반이 되는 인터넷 속도와 개인용 디바이스가 갖추어지면서 넷플릭스는 그 기회를 초기에 선점했습니다. 전략의 핵심에는 언제나 방향이 있었고 방향의 끝에는 이루고자 하는 목표와 비전이 있었습니다. 넷플릭스를 통해 분명한 방향을 가진 기업이 턴어라운드에 얼마나 유리한가를 느낄 수 있습니다

🎢 선택은 집중하기 위함이다

대다수의 기업이 여전히 겪는 고질적인 문제는 선택하지 못하는 것입니다. 선택했더라도 집중을 하지 못해 결국은 발목을 잡히고 맙니다. 넷플릭스를 보면 시종일관 스트리밍만을 선택했습니다. 그리고 엄청난 자원과 에너지를 오로지 그 하나에 쏟아부었습니다. 누구나 가진 것에 한계는 있게 마련입니다. 따라서 효과를 제대로 보려면 집중이 필요하고 집중을 제대로 하려면 선택이 필요합니다.

정답이기 때문에 하는 선택이 얼마나 있을까요? 선택은 온전히 집중하기 위해 하는 것이고 이런 원칙을 잘 지키는 기업들이 턴어라운드의 성공률도 높습니다.

🎢 더 확실한 수익원으로 갈아타는 것이 턴어라운드다

지금의 수익원으로 만족할 수 없을 때, 장기적으로 좀 더 확실한 수익원으로 갈아타기 위해 방향을 전환하는 것이 턴어라운드입니다. 당장 위기가 닥쳤기에 할 수도 있지만 선제적으로 할 수도 있습니다. 그리고 넷플릭스처럼 수비적인 차원이 아니라 선제적으로 공격적으로 진행하는 턴어라운드가 더 파워풀합니다.

리드 헤이스팅스의 말말말

리드 헤이스팅스가 했던 말들을 찾아서 살펴볼 기회가 있었습니다. 그의 말을 알고 나면 넷플릭스를 통해 꿈꾼 비전과 철학을 이해하기 쉽습니다. 결국 넷플릭스의 역사는 그의 말과 비전대로 발전해왔으니까요.

"우리는 1998년에 인터넷 기반의 영화 대여 비즈니스가 가능할 것이라고 믿었습니다. 그래서 회사 이름을 넷플릭스Netflix라 지었습니다."

"우리의 전략은 온라인 영화 서비스 시장에서의 확고한 리더십을 갖는 것입니다. 당분간 DVD 구독 서비스를 공격적으로 성장시키겠지만 장기적으로는 인터넷 비디오 구독 서비스로 변모해가야 한다고 봅니다."

"넷플릭스 주요 고객들이 온라인으로 영화를 본격 시청하기까지는 몇 년의 시간이 더 걸릴 것입니다. 아직은 콘텐츠와 기술 면에서 장벽이 있습니다. 그러나 저는 지금이 그 사업을 하기 위한 첫발을 떼기에 매우 적절한 시점이라고 봅니다. 앞으로 몇 년에 걸쳐 우리는 콘텐츠를 확장하여 모바일폰, 컴퓨터, TV 등 모든 가능한 디바이스로 영화를 볼 수 있는 날을 준비할 것입니다."

질문 향후 10년 후에 넷플릭스는 사람들이 생각하는 것보다 커질 것으로 생각하나요?

오, 그럼요. 사람들의 예상보다 훨씬 거대해질 것입니다. 또한 다른 모습이 될 것입니다.

질문 현재 2,000만 명의 구독자를 가지고 계십니다. 미국에는 1억 1,500만 가구가 있는데 구독자가 어느 규모까지 늘 것으로 생각하십니까?

가구 수는 1억 1,500만이지만 개인으로 따지면 3억 명이 넘습니다. 저희의 모수는 3억 명이라고 생각합니다.

질문 가구당 하나의 계정이 아니라 모든 개인이 넷플릭스를 구독할 수 있다고 보는 건가요?

네, 가능하다고 생각합니다. 그렇게 꿈을 꿉니다.

질문 넷플릭스는 왜 시청하는 편당 요금을 부과하는 방식을 채택하지 않나요?

저는 편당 요금을 부과하는 것에 관심이 없습니다. 무제한 서비스에 월 7.99달러를 부과하는 것은 일종의 브랜드 정체성입니다. 합리적인 가격에 제한 없는 스트리밍 서비스를 제공하는 것이 바로 넷플릭스입니다.

스트리밍 서비스 시장에 경쟁자가 많습니다. 누가 가장 신경이 쓰이나요?

시장이 만들어지는 초기에는 누가 강력한 경쟁자가 될지 알기가 어렵습니다. 우리는 신속하게 우리 비즈니스를 확장하는 것에만 집중할 것입니다.

질문 콘텐츠를 제공하는 데 있어 당신이 혁명을 일으켰다는 사람들의 평가에 동의하십니까?

제가 한 것은 혁명이라기보다 발전이라는 표현이 더 적절합니다. 혁명은 유튜브에나 어울리는 말이죠. 과거에 TV로 보던 영화와 드라마를 넷플릭스로 보게 만든 것은 커다란 개선이지 혁명은 아닙니다.

"우리는 직원들이 자유로운 상태에서 스스로 결정을 내릴 수 있도록 신뢰를 받을 때 성과를 낸다고 믿습니다. 그렇기에 지속해서 개인의 자유를 늘려주기 위해 노력을 해왔습니다. 복잡한 프로세스와 싸우면서 말이죠."

NETFLIX' EPILOGUE

넷플릭스는 매력적인 기업입니다. 독특한 턴어라운드 스토리도 멋지지만 그들의 비즈니스 모델도, 그들이 추구하는 기업문화도 멋집니다.

비즈니스 모델 측면에서 봤을 때 시간과 장소에 구애됨 없이 이익을 얻을 수 있는 것만큼 매력적인 게 없죠. 이것을 사업 초기에 간파하고 그 방향을 놓치지 않으려고 위험을 무릅쓴 리더의 탁월한 혜안과 굳은 의지와 강인한 정신력에 경의를 표합니다.

결과가 나온 후 성공을 평가하기는 쉽습니다. 하지만 턴어라운드를 하고 있는 상황에서 당시에 치르는 대가를 제대로 이해하기란 매우 어려운 일입니다. 리드 헤이스팅스가 치른 대가는 적지 않았습니다. 그가 얼마나 고뇌했을지 어렵지 않게 짐작할 수 있습니다. '최고의 경영자'라고 찬사를 받던 위치에서 '능력이 의심스러운 경영자'로 추락했던 그는 기업의 턴어라운드에 앞서 자신의 마음과 의지의 턴어라운드에서부터 성공한 대단한 사람이라는 생각이 듭니다.

결국 턴어라운드의 중심에는 그 반전에 걸맞은 턴어라운드 형의 리더가 있음을 그를 통해 다시 한번 깨닫습니다.

4장

스타벅스
핵심으로
돌아가다

STARBUCKS

STARBUCKS' PROLOGUE

스타벅스는 우리가 주변에서 친근하게 만날 수 있는 브랜드 중 하나입니다. 한국인에게 유독 큰 사랑을 받는 기업인 스타벅스도 예외 없이 큰 어려움을 겪었습니다. 하지만 그들은 멋지게 그 위기를 이겨냈습니다. 그래서 그들이 더 사랑받는지도 모르겠습니다.

정호승 시인은 이렇게 노래했습니다(물론 스타벅스에 앉아서 노래하지는 않았을 겁니다.).

"나는 눈물이 없는 사람을 사랑하지 않는다.
나는 눈물을 사랑하지 않는 사람을 사랑하지 않는다.
나는 한 방울 눈물이 된 사람을 사랑한다."

지금 잘나가는 사람 중에서도 어려웠던 시기를 이겨낸 이들이 많고, 지금 잘나가는 기업 중에서도 잠 못 이룰 위기를 지나온 기업들이 많습니다. 아마도 스타벅스는 이리 말할지도 모르겠습니다.

"눈물 섞인 식은 커피를 마셔보지 않은 사람, 인생을 논하지 말라!"

스타벅스 브랜드 정체성과
오늘날의 위상

🎯 하워드 슐츠가 스타벅스 주주에게 보내는 서신

2007년도 기업 실적을 마감한 후 중요 내용을 정리 발표하는 연례 보고서annual report에 스타벅스 CEO로 복귀하는 하워드 슐츠Howard Schultz가 주주들에게 보내는 서한이 두 페이지에 걸쳐 게재되었습니다. 다음은 원문 중 일부입니다.

"25년 전 저는 시애틀의 파이크 플레이스 마켓에 위치한 스타벅스 1호 매장에 들어가 제가 일생 먹어본 최고로 맛있는 커피 한 잔을 즐겼습니다. 그곳에서 저는 최고 품질의 아라비카 커피를 어떻게

스타벅스 CEO 하워드 슐츠가 주주들에게 보낸 편지

조달하고 어떻게 로스팅하는지 열정적으로 설명하는 직원들을 만났습니다. 그들은 제 안에 있는 열정에 불을 붙였습니다. (…) 저는 아직도 그 매장의 열쇠를 가지고 있습니다. 그리고 우리가 어디에서 왔는지 되새겨야 하거나 어디를 향해 가야 하는지 영감을 얻고 싶을 때마다 그곳으로 돌아가곤 합니다."

(Twenty-five years ago, I walked into Starbucks first store in Seattle's Pike Place Market, and enjoyed the best cup of coffee I had ever tasted. At that moment and in that historic place, I connected with a group of people who were passionate about sourcing, roasting and sharing the highest quality arabica coffee in the world with their customers. They sparked that same passion within me. (⋯) I still have a key to the store, and I often return there to remind myself of where we've come from, and to draw inspiration for where we're going.)

그는 스타벅스의 첫 번째 매장에서 느꼈던 감동을 회상했습니다. 커피를 사랑하는 직원들이 보여준 열정에 감동받았던 그는 초심이 약해질 때면 언제나 그 매장으로 돌아가 자신이 어디에서 왔고 어디로 가고 있는지 깨달음을 얻는다고 고백했습니다. 그는 이어서 말합니다.

"우리는 커피 기업입니다. 우리의 본업은 고객과 커피를 통한 경험으로 소통하는 것입니다. 우리의 첫 번째 매장인 파이크 플레이스 스토어는 그런 스타벅스의 경험을 상징적으로 보여주는 심장과도 같습니다."

(At our core, we are a coffee company. At our core, we celebrate the interaction between us and our customers through the coffee experience. The Pike Place store has always been the symbolic heart of the Starbucks Experience.)

1호 매장이 기업의 심장과도 같다고 말하는 하워드 슐츠는 주주들에게 의미를 전달하고 싶었던 걸까요?

그의 편지에는 스타벅스라는 기업의 정체성이 나타나 있습니다. 그리고 앞으로 그가 어떤 방향으로 스타벅스를 이끌어가려 하는지 짐작하게 해줍니다. 그가 이런 서신을 주주들에게 보내게 된 사연을 자세히 알아보는 것으로부터 스타벅스 이야기를 시작하겠습니다.

📈 오늘날 스타벅스의 위상

우리가 친근하게 '스벅'이라 줄여 부르는 그곳. 런던, 파리, 밀라노, 도쿄, 서울 등 세계 어느 곳 어느 매장을 가더라도 안심하고 이용할 수 있는 대표적인 커피 체인점. 세계를 돌아다니며 일을 해온 제게 스타벅스는 맥도널드와 더불어 자주 애용하는 브랜드 중 하나입니다.

커피를 파는 기업이지만 스타벅스는 기술주 중심인 나스닥에도 등록되었습니다. 2020년 6월 21일 자 미국 주식시장에서 총 기업가치 880억 달러(약 107조 원)로 평가받고 있습니다. 2019년 매출 32조 원, 영업이익 5조 원(영업이익률 15.4%)을 기록한 식음료 업계에서 대표적인 우량기업이죠.

스타벅스는 인터브랜드가 매년 발표하는 전 세계 100대 브랜드 순위에서 2019년 48위에 자리했는데, 이는 전 세계 커피 기업 중 네스카페(38위) 다음으로 높은 순위입니다. 전체 식음료 기업 중에서는 5위라는 상당히 높은 순위에 있습니다. 스타벅스보다 높은 순위의 기업들은 코카콜라(5위), 맥도널드(9위), 펩시(24위), 네스카페(38위) 이렇게 네 개에 불과합니다.

설립 이래 2009년을 제외하고는 단 한 번도 매출이 후퇴한 적이 없는 스타벅스는 2019년 9월 기준으로 전 세계 80개국에 3만 1,000개

스타벅스 주가 변동

단위: 달러

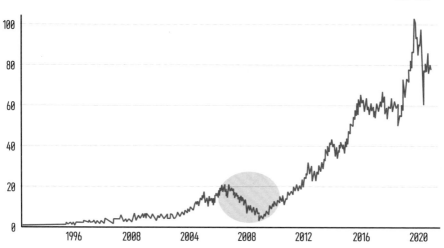

이상의 매장을 보유하고 있습니다.

회사 차원의 공식적인 슬로건은 없지만 스타벅스는 사명 선언을 통해 "한 번에 한 잔으로 한 사람에게 영혼의 영감과 보살핌을 제공한다(To inspire and nurture the human spirit - one person, one cup and one neighborhood at a time.)."라는 기업 철학을 드러내고 있습니다.

만일 누군가 1992년 스타벅스 상장 시에 1,000달러를 투자했다면 2020년 5월에는 약 260만 달러, 즉 120만 원을 투자하여 29년 만에 32억 원의 수익을 거두었을 것입니다. 이는 29년 동안 매년 22%씩 투자금이 상승했음을 보여줍니다.

[도표 4-1]은 스타벅스의 주가 변동을 정리한 것입니다. 2007년부터 2009년 사이에 유독 아래로 하락하고 있죠? 이때가 스타벅스가 처음 맞이한 커다란 도전이자 위기의 시기였습니다. 그리고 이때 그들이 행한 멋진 턴어라운드 이야기가 펼쳐집니다. 그때 만일 실패했다면 오늘의 스타벅스는 존재하지 않았을 것입니다.

전체 기간으로 조망해본 스타벅스

스타벅스는 1971년 제리 볼드윈Jerry Baldwin, 지브 시글Zev Siegl, 고든 보커Gordon Bowker라는 세 명의 동업자가 미국 워싱턴 주의 시애틀에서 커피 원두와 장비를 판매하는 소매점을 열면서 시작되었습니다. 이 세 명의 창업자는 샌프란시스코 대학에서 학창 생활을 보내며 알게 된 사이인데, 버클리시에서 유럽식 로스팅 기법을 배우면서 커피 사업을 하게 되었다고 합니다.

당시만 해도 커피 소매점에 불과했던 스타벅스에 하워드 슐츠가 1982년 마케팅 담당자로 영입되면서 변화가 일어나기 시작합니다. 하워드 슐츠는 1980년대 들어 고급 커피에 대한 수요가 점점 커지고 있으므로 스타벅스에서 원두뿐만 아니라 에스프레소 드링크도 판매하면 좋겠다는 아이디어를 내놓습니다. 하지만 스타벅스 경영진은 그의 제안을 일언지하에 거절했고, 실망한 하워드 슐츠는 1985년 스타벅스를 떠나 에스프레소 바 '일 지오날레'를 설립합니다. 하워드 슐츠의 예상대로 일 지오날레는 급성장합니다. 그리고 사업을 시작한 지 3년 만에 자신이 직원으로 있던 스타벅스를 인수합니다.

이제부터 우리는 스타벅스 전체 기간의 역사를 조망해보고, 더불어 2008년을 전후로 하여 어떤 큰 변화가 스타벅스에 닥쳤는지 관찰해볼 것입니다. 다음의 설명으로 나아가기 전에 스타벅스의 CEO들을 시간순으로 살펴보겠습니다.

- 하워드 슐츠Howard Schultz 1986~2000년 (14년간 재직)
- 오린 스미스Orin Smith 2000~2005년 (5년간 재직)
- 짐 도널드Jim Donald 2005~2008년 초반 (3년간 재직)
- 하워드 슐츠Howard Schultz 2008년 초반~2016년 (8년간 재직)
- 케빈 존슨Kevin Johnson 2017~2020년 현재 (3년간 재직 중)

[도표 4-2]는 지난 25년간 스타벅스의 매출 흐름을 보여 줍니다. 실로 아름다운 곡선이죠? 2009년을 제외하고는 25년을 후퇴 없이 성장하고 있는 모습에 감탄을 금할 수 없습니다. 2019년 기준으로 스타벅스는 매출 265억 달러(약 32조 원), 영업이익 41억 달러(약 5조 원, 영업이익률 15.4%)를 기록하고 있습니다. 1995년 매출이 4억 6,000만 달러(약 5,580억 원)였으니 수치로만 보면 스타벅스는 25년 동안 57배 성장

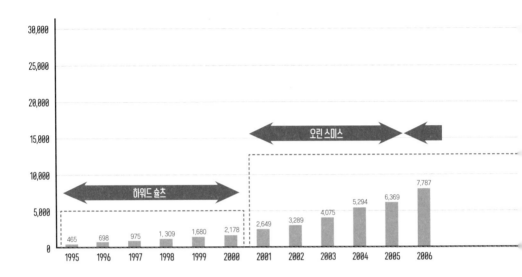

스타벅스 매출 변화

오린 스미스

하워드 슐츠

| | | | | | | | | | | | |
1995 1996 1997 1998 1999 2000 2001 2002 2003 2004 2005 2006

465 698 975 1,309 1,680 2,178 2,649 3,289 4,075 5,294 6,369 7,787

한 셈입니다. 이는 연평균 성장률로 계산해볼 때 매년 약 19%씩 25년 동안 꾸준히 성장한 것으로 절대 쉬운 기록이 아닙니다.

재직했던 CEO 시기별로 구분해서 보죠. 하워드 슐츠가 가장 오래 재직하고, 짐 도널드가 짧게 재직했음이 눈에 띌 뿐 CEO별 성과를 구분하기가 쉽지 않습니다. 그래서 다른 각도로 분석을 해보았습니다.

[도표 4-3]은 1995년부터 2019년까지의 매출과 영업이익을 리스트업하고 재직했던 CEO별로 성장률과 평균 이익률을 비교해본 것입니다.

단위: 백만 달러

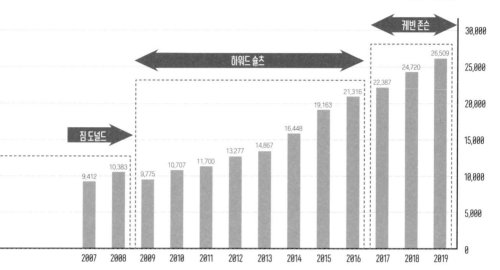

이제 조금 더 특징이 보입니다. 하워드 슐츠는 1대 CEO로서 초기의 폭발적 성장을 만들어 기업의 기반을 다졌습니다. 그가 거둔 평균 영업이익률은 8.8%로 나쁘지 않습니다. 2~3대 CEO(오린 스미스와 짐 도널드) 또한 꽤 높은 성장률을 이루었고 평균 이익률도 전임 CEO보다 2% 정도 향상됐습니다. 하지만 3대 CEO인 짐 도널드 시기 스타벅스 내부적으로는 큰 문제에 봉착해 있었습니다. 과도한 확장 정책과 브랜드 철학에 반하는 운영으로 고객들이 등을 돌리고 결과적으로 영업이익 추락의 원인을 제공한 것이죠(이에 대한 자세한 설명은 뒤에 이어서 하겠습니다.). 결국 이사회 의장이었던 하워드 슐츠가 2008년 초반 다시 CEO로 등판했습니다. [도표 4-3]에서 볼 수 있듯 2008년과 2009년은 스타벅스 역사에서 가장 암울했던 시기였습니다. 그래서 위기의 순간에 1대 CEO이자 이사회 의장이었던 하워드 슐츠가 스타벅스를 구할 소방수로 불을 끄기 위해 돌아온 것입니다.

그가 복귀하고 난 후 1년 반이 지나자 매출이 다시 오르기 시작합니다. 하지만 그보다 더 의미 있는 것은 영업이익률의 회복입니다. 2009년 실적까지가 전년도에 사임한 짐 도널드 CEO의 영향권 아래 있음을 고려한다면, 하워드 슐츠가 재등판한 효과는 2010년부터의 영업이익률을 보는 것이 정확할 것입니다. 제2기 하워드 슐츠 CEO 시기에 스타벅스는 연평균 17%의 영업이익률을 기록합니다. 이 이익률은 스타벅스 전체 역사에서 가장 독보적인 수치입니다. 초기 성장을 주도하며 기업의 기반을 다졌던 하워드 슐츠가 위기의 순간 다시 등장하여 회사를 정상화했을 뿐만 아니라 한 차원 더 높은 수익으로 기업을 업그레이드시킨 것입니다. (케빈 존슨은 재직기간이 너무 짧으므로 설명을 생략합니다.)

지금까지 간단하게나마 스타벅스 전체 역사를 펼쳐놓고 수치를 통해 실적의 흐름을 보았습니다. 어떤가요? 2007~2008년 스타벅스에 심상치 않은 일이 있었을 거 같지 않나요?

이제 2007년으로 돌아가 스타벅스에 과연 무슨 일이 있었는지 살펴보도록 합시다.

스타벅스 CEO별 성장률과 영업이익률

단위 : 백만 달러

연도	매출	매출성장	영업이익	영업이익률	비고
1995	465		40	8.6%	**하워드 슐츠 CEO 시기** 성장률/연도 수 : 61% 평균 이익률 : 8.8%
1996	698	6년간 성장률 368%	57	8.2%	
1997	975		86	8.8%	
1998	1,309		109	8.3%	
1999	1,680		157	9.3%	
2000	2,178		212	9.7%	
2001	2,649		280	10.6%	**오린 스미스와** **짐 도널드 CEO 시기** 성장률/연도 수 : 47% 평균 이익률 : 10.2%
2002	3,289		316	9.6%	
2003	4,075		425	10.4%	
2004	5,294	8년간 성장률 377%	610	11.5%	
2005	6,369		780	12.2%	
2006	7,787		894	11.5%	
2007	9,412		1,054	11.2%	
2008	10,383		504	4.9%	
2009	9,775		562	5.7%	**하워드 슐츠 CEO 시기** 성장률/연도 수 : 13% 평균 이익률 : 15.7%
2010	10,707		1,419	13.3%	
2011	11,700		1,729	14.8%	
2012	13,277		1,997	15.0%	
2013	14,867	9년간 성장률 116%	2,459	16.5%	
2014	16,448		3,081	18.7%	
2015	19,163		3,601	18.8%	
2016	21,316		4,172	19.6%	
2017	22,387		4,135	18.5%	
2018	24,720	2년 간 성장배수 18%	3,883	15.7%	**케빈 존슨 CEO 시기** 성장률/연도 수 : 9% 평균 이익률 : 15.5%
2019	26,509		4,078	15.4%	

위기가 시작되다

2006년에 미국 주택시장의 거품은 최고조에 달했습니다. 당시 거품 규모는 약 2조 달러였던 것으로 추산됩니다. 사람들은 주택가격이 너무 높다는 것을 서서히 눈치채기 시작했습니다. 하지만 이미 때는 늦었습니다.

2007년이 되자 상황이 급속히 나빠졌습니다. 부동산 거품이 꺼지기 시작하자 주택담보대출을 해준 금융기관들과 CDO(부채 담보부 증권, 여러 사람의 주택담보대출을 모아서 만든 증권)를 다량 매입한 금융기관에 막대한 손실이 발생했습니다. 다수의 서브프라임 고객이 디폴트를 선언하며 사태는 걷잡을 수 없이 커졌습니다. 결국 2008년 9월 14일 미국의 4대 투자은행인 리먼 브러더스가 파산 신청을 합니다. 실물 경제도 서서히 불황에 빠지기 시작합니다. 일자리와 소비도 줄어들기 시작했습니다.

이것이 2007년부터 2009년까지 미국을 넘어 전 세계에 일대 파장을 일으킨 서브프라임 모기지론 사태의 대략적인 과정입니다. 이 내용은 영화 〈빅쇼트〉에도 잘 묘사되어 있습니다.

미국발 금융위기가 발발하기 시작한 2007년 스타벅스도 그 한가운데로 점차 빨려 들어갔습니다. 하지만 이와 별개로 스타벅스 내부에서는 또 다른 위기의 변화가 일고 있었습니다. 하워드 슐츠가 쓴 《온워드》라는 책을 보면 다음과 같은 말이 나옵니다.

"스타벅스는 2007년부터 실패하기 시작했다. 성장이라는 유혹에 빠져 우리는 본질을 놓치고 있었다."

그의 말이 사실이었음이 숫자를 통해 여실히 드러납니다. 두 개의 그래프를 보여드리겠습니다. [도표 4-4], [도표 4-5]를 보세요. 재미나게도 두 그래프 모두 매우 유사한 흐름을 보여줍니다.

하나는 매출과 매출 성장률, 다른 하나는 매장 수와 매장 증가율을 나타내는 그래프입니다. 스타벅스는 매장 수와 매출액이 직결되어 있어서 그래프의 패턴이 비슷할 가능성이 높습니다. 실제로 두 그래프 모두 매출액과 매장 수를 보면 2008년까지 매우 가파르게 증가하는 모습입니다. 하지만 실선 그래프로 표시한 매출 성장률과 매장 증가율을 보면 두 수치 모두 해가 갈수록 하락하는 추세를 보입니다. 매

스타벅스 매출과 매출 성장률

단위 : 백만 달러, % ■ 매출, — 매출 성장률

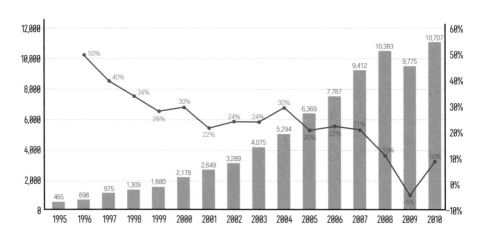

출 성장률을 보면 스타벅스 초기인 1996년에는 50%의 성장률을 보이다가 2008년에는 10% 남짓, 2009년에는 심지어 매출이 떨어집니다([도표 4-4] 참조). 매장 수 또한 2009년에는 답보 상태를 보입니다([도표 4-5] 참조).

이 같은 현상은 일면 당연합니다. 기업의 규모가 작은 초기에는 매출이 조금만 증가해도 성장률이 높아지지만, 기업의 규모가 커질수록 성장률이 낮아지는 것이 일반적입니다. 그런데도 스타벅스는 2008년까지 연평균 27% 매출 성장이라는 어마어마한 성장률을 보였습니다. 한마디로 초고속 성장을 한 것입니다. 매장 수를 보더라도 2008년

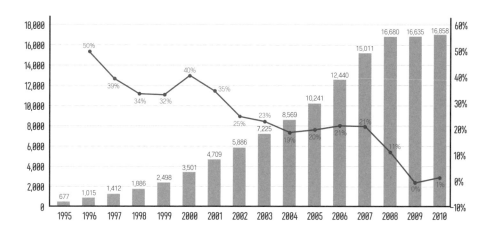

단위 : 개, %   ■ 매장수, ─ 매장증가율

까지 연평균 28%의 증가율을 보여서 매출 성장률과 동일한 수준을 기록하고 있습니다.

　요약하자면 스타벅스는 매년 매장을 많이 늘리고 매출을 크게 성장시키는 확장 정책을 20년 이상 집중해왔습니다. 오랜 기간 일관되게 성장 드라이브를 견지해온 기업이 바로 스타벅스입니다. 성장 위주의 전략으로 외형이 커졌다면 내실은 어떨까요?

　내실을 점검하려면 매장당 평균 매출을 살펴보아야 합니다. [도표 4-6]에서 확인해보시죠.

　매출이 매년 가파르게 증가해온 것과 달리 매장당 매출은 1998년

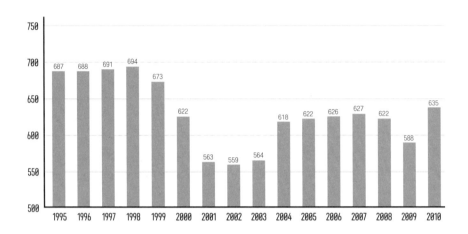

도표 4-6 스타벅스 매장당 연평균 매출

단위 : 천 달러

연도	매출
1995	687
1996	688
1997	691
1998	694
1999	673
2000	622
2001	563
2002	559
2003	564
2004	618
2005	622
2006	626
2007	627
2008	622
2009	588
2010	635

을 기점으로 하여 하락하고 있습니다. 즉 매장별로는 매출이 줄어들고 있음에도 매장 수를 공격적으로 늘렸기 때문에 전체 매출이 증가한 것입니다. 다시 말해 질적으로는 약해지고 있는데 양적으로만 팽창한 것입니다. 왜 이런 결과가 나타난 것일까요?

첫째, 외형 확장에 매달리다 보니 상권의 크기를 무시하고 매장을 촘촘하게 오픈하는 결정을 했습니다. 때문에 적정 매장 수를 초과하는 지역이 자꾸 늘어난 것이 원인 중 하나입니다. 일례로 2007년 뉴욕 중심가에는 100미터 간격으로 스타벅스가 들어섰을 정도였습니다.

둘째, 맥도널드의 맥카페가 저가의 커피로 시장을 파고들었습니다. 당시는 금융위기가 나타나던 때라서 저가이면서 맛도 괜찮은 맥카페로 고객을 많이 빼앗겼습니다. 더구나 〈컨슈머 리포트〉의 시음 테스트에서 맥카페의 커피가 스타벅스보다 낫다는 결과가 발표됨으로써 더 큰 타격을 입었습니다.

셋째, 관리부실 매장이 늘어났습니다. 우후죽순 늘어난 매장 수로 인해 스타벅스 고유의 분위기가 매장에서 구현되지 않습니다.

넷째, 커피 매출에서의 손실을 만회하기 위해 책, 음반, 등 다른 상품 라인을 늘렸습니다. 근본적인 경쟁력 저하는 커피 맛과 품질의 하락에서 비롯되었지만 경영진은 이에 집중하지 않았고 오직 수치 개선에만 매달렸습니다. 그 와중에 발발한 서브프라임 사태는 스타벅스에 커다란 악재가 되었고 그해 스타벅스 주가는 42%나 폭락했습니다. 내부적인 취약함과 외부적인 사태가 동시에 일어나 큰 충격을 안긴 거죠.

"행복한 가정은 서로가 비슷한 이유로 행복하지만 불행한 가정은 각자의 이유로 불행하다."는 톨스토이의 명작 《안나 카레니나》의 서문에 나오는 문구입니다. "성공하는 기업은 비슷한 이유로 성공하지만 망하는 기업은 저마다의 이유로 망한다."로 바꾸어 써도 크게 어긋나지 않을 만큼 실패한 원인은 다양할 수밖에 없습니다.

2008년 하워드 슐츠가 복귀한 후 직원에게 보낸 메일에서 그는 이렇게 말했습니다.

"기업의 리더는 불황이나 원가 상승 등의 이유를 탓하면 안 됩니다.
우리는 고속성장의 결과로 나타난 형식주의 또는 관료주의를 버리고 온전히 고객에게 초점을 맞추기 위해 스스로 변화해야 합니다."
(The company shouldn't just blame the economy; Starbucks's heavy spending to
accommodate its expansion has created a bureaucracy that masked its problems.
The company must shift its focus away from bureaucracy and back to customers.)

톨스토이의 《세 가지 질문》이라는 작품에서 소년 니콜라이는 좋은 사람이 되기 위한 세 가지 질문의 답을 알아내기 위해 현자를 찾아 나섭니다. 그 질문은 이것이었습니다.

이 세상에서 가장 중요한 시간은 언제인가?
이 세상에서 가장 중요한 사람은 누구인가?
이 세상에서 가장 중요한 일은 무엇인가?

현자의 입을 통해 톨스토이는 이렇게 말합니다.

"이 세상에서 가장 중요한 시간은 현재이고, 이 세상에서 가장 중요한 사람은 지금 내가 마주하고 있는 그 사람이며, 이 세상에서 가장 중요한 일은 지금 내 곁에 있는 사람에게 선을 행하는 일이다."

하워드 슐츠가 이 질문에 답했다면 아마도 이런 내용이었으리라 상상해봅니다.

"이 세상에서 가장 중요한 시간은 매장에 있는 지금이고, 가장 중요한 사람은 내 앞에 있는 고객이며, 가장 중요한 일은 맛있고 품질 좋은 커피를 정성껏 내려 고객에게 드리는 일이다."

하워드 슐츠가 스타벅스를 인수한 1987년부터 2008년 CEO로 재등판하기까지 시종일관 초심을 유지했는지 아닌지는 누구도 알지 못합니다. CEO에서 사임한 2000년 이후부터는 이사회 의장으로서 회사의 주요 결정에 관여해왔으니 그가 2007년까지 이어진 공격적인 확장 정책의 결과에 전혀 책임이 없다고도 할 수 없습니다.

하지만 그렇다고 하더라도 그는 초심을 되찾았고, 위기의 순간 스타벅스가 어떤 기업인지 고객들을 위해 무엇을 해야 하는지를 깨달았습니다. 그랬기에 그가 스타벅스의 재건을 책임질 적임자가 될 수 있었던 것입니다.

스타벅스의 턴어라운드 전략

그가 스타벅스를 어떻게 턴어라운드했는지는 《온워드》라는 책에 자세히 나와 있습니다. 여기서는 그 내용을 반복하기보다 그들의 턴어라운드 전략과 경영 수치를 중심으로 살펴보겠습니다.

하워드 슐츠가 1987~2000년까지 스타벅스를 책임졌던 경영자이긴 하지만 그도 턴어라운드를 경험해본 것은 아니었습니다. 그래서 하워드는 복귀를 앞두고 턴어라운드 경영의 대가들을 찾아다니며 학습의 시간을 가졌다고 합니다. 그런 다음 전략을 세우고 실행합니다.

그의 턴어라운드 전략은 다음과 같습니다.

⚡ 적합한 인재로 재조직하다

하워드 슐츠는 36명의 시니어 매니저 중 12명을 교체하고 5명을 새로이 추가해 41명의 시니어 매니저 그룹을 조직했습니다. 새로이 구성한 리더 조직을 보면 그가 나아가고자 한 방향이 읽힙니다.

- CFO 교체 : 관리의 수준을 올리려는 조치
- CIO 교체 : 각종 온라인과 모바일 활동을 이끄는 핵심 책임자의 필요성에 의한 조치
- 채용담당 교체 : 파트너(매장 직원)의 수준 향상을 위한 포석
- 아시아 담당 매니저 교체 : 미국이 아닌 아시아를 성장의 중심으로 육성하려는 의지
- 최고 크리에이티브 책임자Chief Creative Officer 신설 : 브랜딩 작업을 강화하려는 포석
- 마케팅 매니저 신설 : 소셜미디어 마케팅 등에 중점을 두기 위한 포석
- 매장 운영 담당과 고객 서비스 담당을 분리 : 서비스 수준을 올리기 위한 조치
- 서플라이 체인supply-chain 관리 : 생산이나 공급 관리를 중요하게 다루기 위한 조치
- 직책에 '글로벌'이라는 단어를 사용하기 시작 : 글로벌 관점을 강화하려는 시도

○ 글로벌 메뉴 개발 담당 신설 : 마찬가지로 글로벌 시장 확장을
   염두에 둔 조치

조직 구성에서 보인 메시지를 정리하면 다음과 같습니다.

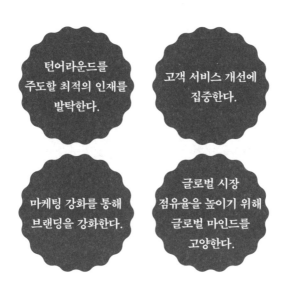

턴어라운드는 사람에 의해 성패가 갈린다고 보아도 무방합니다.
제가 경험한 프로젝트들도 마찬가지였습니다. 원하는 방향과 전략을
명확히 세우고 그것을 할 수 있는 능력 있는 사람을 찾는 것이 턴어라
운드 매니지먼트의 시작이자 거의 전부입니다.
  하워드 슐츠가 조직한 스타벅스의 새로운 리더 그룹에서도 그러

한 의도가 다분히 엿보입니다.

📈 사업의 본질로 돌아가다

그가 CEO로 복귀한 후 한 달 뒤, 2008년 2월 26일 오후 5시 반부터 9시까지 3시간 반 동안 미국 전역에 있는 7,100개의 스타벅스 매장이 잠시 문을 닫는 결정을 합니다. 그리고 13만 5,000명의 바리스타 전원에게 '에스프레소 엑셀런스 교육'을 실시합니다. 이 내용은 CNN을 비롯한 각 매체에 흥미로운 기삿거리를 제공했습니다.

하워드 슐츠는 영감과 열정을 소유한 스토리텔러였습니다. 사랑, 열정, 공동체, 신뢰 등 스타벅스가 가진 가치를 인상적인 스토리로 형상화해 사람들의 마음을 감동시켰으니까요. 그가 이런 극적인 상황을 연출해 직원과 고객에게 전달한 메시지는 단순하고 분명합니다.

> "스타벅스는 세계 최고의 커피를 만들어 고객에게 차원이 다른 경험을 제공합니다."

이 교육이 있고 난 한 달 뒤 필라델피아 매장에서 근무하는 바리스타로부터 한 통의 메일을 받습니다. 고객이 스타벅스의 에스프레소가 맛이 있을지 망설이길래 매니저가 에스프레소와 아메리카노 두 가지를 만들어 제공했고 맛을 본 그 고객과 에스프레소에 대해 즐겁게

대화를 나누었다는 일화. 그 후 고객은 단골이 되어 매번 에스프레소를 즐겼다는 내용이었습니다.

하워드는 가장 맛있는 고품질의 커피를 만들고 고객을 공동체 일원으로 여겨 사랑과 존중의 관계를 맺는 것이 바로 스타벅스의 존재 이유라고 말합니다. 때문에 그는 경제적인 대가를 치르더라도 바리스타들을 대상으로 맛있는 커피를 만들기 위한 재교육을 실시했던 것입니다.

정신의 후퇴로 발생한 위기를 기업의 정체성, 즉 핵심가치로 돌파하기. 그것이 바로 스타벅스의 턴어라운드 전략이었습니다.

〽️ 후퇴를 받아들이다

하워드 슐츠는 CEO로 재취임한 2008년 바로 그해에 미국 내 600개 매장을 철수하기로 하고 실행에 옮깁니다. 더불어 다음 해인 2009년에는 300개 매장에 대해서도 추가적인 철수를 진행합니다. 이 과정에서 6,700명에 달하는 직원들이 해고됩니다. 이것은 확장만 해오던 스타벅스가 처음으로 뒷걸음질 치는 사건이었습니다([도표 4-7] 참조). 급진적인 조치들로 매장 증가 속도가 멈추었고 대규모 인원이 해고된 여파로 영업이익률도 크게 후퇴합니다.

턴어라운드에서 가장 중요한 핵심 중 하나는 '후퇴를 받아들이기'입니다. 후퇴가 기분 좋은 사람은 없습니다. 하지만 후퇴를 받아들이지

스타벅스 영업이익률 & 매장 증가율

단위 : %,   — 영업이익률, — 매장증가율

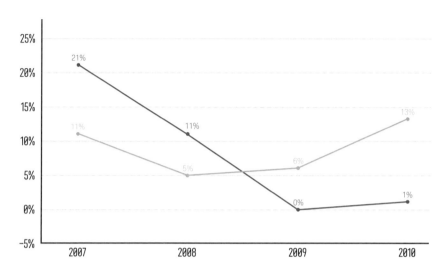

않고 망설이면 자칫 더 큰 화를 부르기 쉽습니다. 앞서 설명했듯 스타벅스는 과다한 매장 수로 매장 간에 내부경쟁을 하는 상황이었으므로 일부 매장을 닫는 조치가 가장 빠른 해결책이었을 것입니다. 물론 비수익 매장 위주로 철수를 결정했지만 철수한 모든 매장이 손실을 보던 것은 아니었고 수익을 내는 매장도 일부 있었습니다.

하지만 스타벅스는 전체의 건강한 성장을 위해 신속한 철수를 단행했습니다.

〽 고객에게 다가가다

스타벅스가 2008년 이후 새로이 시작하거나 강화한 프로그램 대부분은 고객과의 소통과 연대를 강화하는 것이었습니다. 그중 대표적인 것을 소개합니다.

○ 마이 스타벅스 아이디어My Starbucks Idea

스타벅스는 직원 모두에게 무엇이라도 좋으니 스타벅스를 위한 전략이나 아이디어를 내달라고 요청합니다. 그리고 이 경험을 통해 집단지성의 힘을 깨닫습니다. 그중 하나가 고객과의 관계를 심화·발전시킨 '마이 스타벅스 아이디어'입니다.

이 프로그램은 쉽게 말해 고객에게 묻는 것입니다. 고객에게 아무런 제한 없이 분야별로 제안을 하도록 했습니다. 메뉴, 맛, 매장 구성, 매장 관리, 홍보와 광고, 기업의 사회적 책임, 매장 내의 음악 등등 고객들은 스타벅스에 다양한 의견을 보냈습니다. 9만 3,000개의 아이디어가 제안되었고 스타벅스는 그중 100개 이상을 채택해 실제로 매장에 적용했습니다. 그리고 그 과정부터 결과까지 고객들과 상세히 나누었습니다. 이를 담은 영상은 월간 조회 수가 550만 뷰까지 치솟았습니다.

이렇게 스타벅스라는 브랜드와 연대감을 나눈 고객들은 'free Wifi Group', 'soy group', 'comfy chair group', 'frappuccino lovers group' 등 자발적인 그룹을 형성해갔고 이러한 소비자 그룹은 스타벅스의 진정한 팬이 되어 턴어라운드 성공의 큰 동인이 되었습니다.

○ 마이 스타벅스 시그니쳐My Starbucks Signature

고객 자신이 원하는 메뉴를 스스로 만들도록 하는 것입니다. 즉 고객이 제품 개발에 참여하는 것입니다. 고객의 참여로 만들어진 메뉴 중 스타벅스 정식 메뉴에 포함되는 사례들이 나오기 시작했습니다. 이러한 전략은 메뉴를 만든 당사자에게 재미와 자부심을 안겨 주었을 뿐만 아니라 고객들의 바이럴 마케팅으로 이어져 신규 고객 창출에도 도움이 되었습니다.

사실 고객 참여형 프로그램은 자칫 잘못하면 역효과를 낼 수 있습니다. 쉽게 할 수 있는 것이 아닙니다. 하지만 스타벅스가 시행한 프로그램들은 스타벅스만의 커다란 온라인 커뮤니티를 만들어냈습니다.

이 밖에도 스타벅스는 고객을 위한 리워드 프로그램을 시작하는 등 고객과의 연결을 위한 프로그램들을 꾸준히 실행에 옮겼습니다. 턴어라운드 과정에서 그들은 스타벅스라는 브랜드의 본질로 돌아가길 선택했고, 그 안에서 고객과의 강력한 연결은 중요한 하나의 축이 되었습니다.

🗘 직원의 지지를 얻어내다

하워드는 2009년부터 파트타임을 포함한 스타벅스 전 직원에게 의료보험 혜택을 제공했습니다. 의료시장이 민영화된 미국에서 의료

보험을 기업이 책임져주는 것은 특별한 의미를 가집니다. 이 결정으로 스타벅스는 2억 5,000만 달러에 달하는 추가 비용을 감당해야 했지만 직원들의 애사심은 그보다 훨씬 더 커졌습니다. '빈 스톡'이라고 명명한 전 직원 대상의 스톡옵션 부여도 직원을 사랑하는 마음이 담긴 제도였습니다.

스타벅스의 이러한 노력은 직원들의 자발스럽고 헌신적인 노력을 이끌어냈고, 이러한 직원들을 만나는 고객 역시 스타벅스에 대해 남다른 애정을 가지게 되었습니다.

스타벅스 턴어라운드 전략을 요약하면 다음과 같습니다.

- 방향을 명확히 정하고 그 방향에 맞는 사람들로 팀을 구성했다.
- 사업의 본질인 커피 자체에 집중했다.
- 매장 철수, 직원 해고 등을 신속히 단행했다.
- 고객과의 커뮤니티 강화에 주력했다.
- 직원들을 브랜드 최고의 팬으로 만들었다.

하워드의 메시지는 늘 같았다

2007년 2월 14일 이사회 미팅을 앞두고 이사회 의장인 하워드 슐츠가 CEO인 짐 도널드에게 한 통의 메일을 보냅니다. 2008년 이후 중장기 계획을 수립하기 전에 CEO가 고려하기를 바라는 사항을 정리한 내용이었습니다. 그중한 대목을 인용합니다.

> "우리의 시간과 돈을 핵심에 집중하는 데 사용합시다. 다른 기업들과 차별화하기 위해 필요한 일들과 혁신을 시도합시다. 최고 등급의 커피를 조달하고 구매해야 합니다. 세상에서 가장 신뢰받는 커피 브랜드를 만들어왔듯 우리를 찾아준 고객들과 15만 명의 직원들, 그리고 그 가족들을 위해 선한 관리자로서의 막중한 책임을 다합시다."

이 메일은 우습게도 언론에 유출되어 대중에게 가십거리를 제공했습니다. 스타벅스 CEO인 짐 도널드가 이사회 의장인 하워드에게 큰 압박을 받고 있다며 하워드를 비난하는 움직임도 일부 있었습니다. 하지만 당연하고 온당한 부탁이라는 사람도 있었습니다. 한 가지 분명한 사실은 표현 방식에 거친 부분이 있을지언정 하워드는 언제나 고객, 직원, 이웃과 사회를 사랑하는 가치를 일관되게 강조해왔다는 것입니다.

그가 복귀한 2008년과 2009년에 실행한 턴어라운드를 보면서 이런 그의 메시지가 전략에 반영되었음을 알 수 있었습니다.

스타벅스의 턴어라운드 성과

2007년 이후 스타벅스의 턴어라운드 성과를 몇 가지 자료로 살펴보겠습니다. [도표 4-8]은 매출액과 매출 성장률을 이해하기 쉽게 '성장 1기', '턴어라운드 시기', '성장 2기' 3단계로 구분하여 정리한 것입니다.

'성장 1기'는 높은 매출 성장률로 고속성장을 만들어간 시기입니다. 그러다가 실적이 둔화되는 턴어라운드 시기를 맞이합니다. 이 시기를 보면 매출 성장이 멈추거나 후퇴하고 있습니다. 복합적인 구조조정을 시행하던 터라 비용도 상승했기 때문에 [도표 4-9]를 함께 보면 영업이익률도 줄어든 것을 확인할 수 있습니다. 하지만 이 시기를 성공적으로 보낸 이후에는 매출과 이익이 늘어납니다. 이 시기가 '성장 2기'입니다.

이 내용을 다른 각도로 살펴보면 더욱 선명하게 그 의미가 이해됩니다. [도표 4-9]를 봅시다. 스타벅스 25년간의 매출 성장률과 영업이익률을 비교한 그래프입니다.

턴어라운드 이전 단계를 '성장 주도 시기', 턴어라운드 시기를 '관점 전환 시기', 턴어라운드 이후의 시기를 '수익 주도 시기'라고 봤을 때, 파란색 실선으로 표시된 매출 성장률과 회색 실선으로 표시된 영업이익률이 턴어라운드 시기를 기점으로 역전되는 현상이 일어납니다. 2008년까지는 파란색 실선이 더 위에 있습니다. 성장을 수익보다 중시한 모습입니다. 하지만 2009년 이후 위치가 바뀌죠. 회색 실선이 위로 올라가서 그 위치가 변하지 않습니다. 즉 수익을 더 중요시한 것입니다. 이 두 가지 관점이 바뀐 시기가 바로 턴어라운드 시기입니다.

그런데 이런 변화가 비단 스타벅스뿐일까요? 생각해보면 상식적이면서 당연한 패턴일 수밖에 없습니다. 사업 초기에 성장에 집중하지 않으면 어떻게 사업을 키울 수 있겠습니까? 키울 때는 바짝 키워야 합니다. 어린 자녀들이 다이어트한다며 밥을 안 먹을 때 "성장기에 무슨 다이어트니. 클 때는 열심히 먹어야지. 몸매는 커서 만들면 돼."라고 말하는 것과 비슷합니다. 한창 크는 기업은 규모를 키워야 합니다. 처음부터 이익이 얼마나 남는지 따지면 안 됩니다. 스타벅스는 이런 상식의 흐름을 보여줍니다.

이런 흐름은 매장당 매출액을 통해서도 확인됩니다. 매장 단위당 매출액이 높아지면 고정비가 거의 동일한 조건 하에서는 이익률이 높

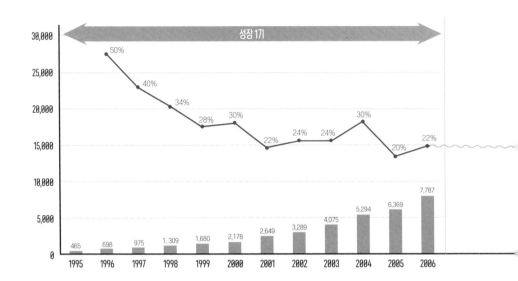

도표 4-8   스타벅스 매출액 & 매출 성장률

성장 1기

도표 4-9   스타벅스 매출 성장률&영업이익률

성장 주도 시기

단위 : 백만 달러, %, ■ 매출액, — 매출 성장률

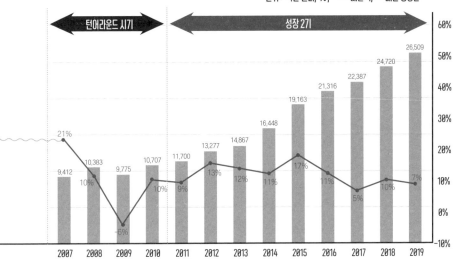

단위 : %, — 매출 성장률, — 영업이익률

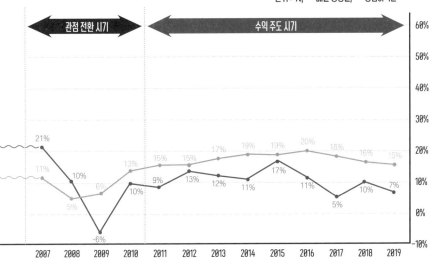

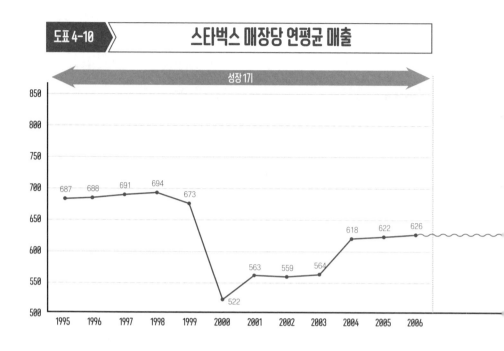

도표 4-10 | 스타벅스 매장당 연평균 매출

성장 1기

(그래프 데이터 포인트)
687 688 691 694 673 522 563 559 564 618 622 626

1995 1996 1997 1998 1999 2000 2001 2002 2003 2004 2005 2006

아진다고 볼 수 있습니다. [도표 4-10]을 보면 매장당 매출액이 2007
년까지 약간 낮아지거나 큰 변화 없이 유사한 흐름을 보이다가 턴어
라운드 시기를 기점으로 치고 올라가는 모습을 볼 수 있습니다. 턴어
라운드 시기를 통해 매장 자체의 수익성이 좋아지고 있다는 해석이 가
능합니다.

　현금성 자산(현금 혹은 즉시 현금화가 가능한 자산의 합계)의 변화도 그
들의 턴어라운드 성과를 판단할 때 참고가 됩니다. 오른쪽에 있는 [스
타벅스 현금성 자산]을 보세요. 턴어라운드를 시작하던 시기에 보유
했던 현금이 2억 8,100만 달러(약 3,370억 원)에서 턴어라운드를 마쳤을
때는 11억 6,400만 달러(1조 4,000억 원)로 약 4배 이상 증가했습니다.

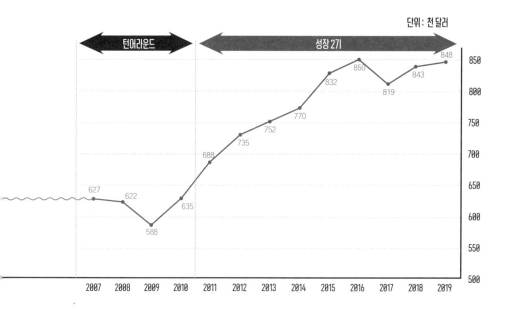

단위 : 천 달러

턴어라운드 | 성장 2기

627　622　588　635　688　735　752　770　832　850　819　843　848

2007　2008　2009　2010　2011　2012　2013　2014　2015　2016　2017　2018　2019

○ 스타벅스 현금성 자산

2007년	2008년	2009년	2010년
2억 8,100만 달러	2억 7,000만 달러	6억 달러	11억 6,400만 달러

이 또한 당연한 결과입니다. 매장당 매출이 올라 수익이 높아진 데다 성장 주도의 확장 전략에서 수익 주도로 전략을 바꾸어 투자를 많이 할 필요가 없으니 현금 보유액이 더 늘어난 것입니다.

이제 다시 한번 스타벅스의 주가 변동을 살펴봅시다([도표 4-11] 참조). 어떤가요? 2008~2010년에 성공적으로 수행된 턴어라운드 결과가 이후의 기업가치에 어떤 영향을 끼쳤는지 알 수 있죠? 턴어라운

스타벅스 주가 변동

단위 : 달러

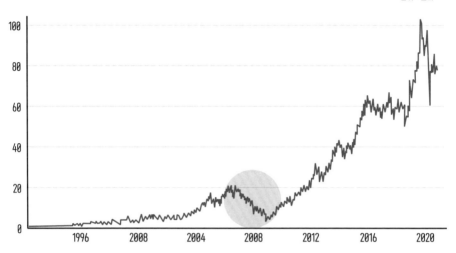

드 이후 주가 상승이 본격적으로 시작됩니다. 주가가 상승했다는 것은 기업의 가치가 올라갔다는 의미입니다. 턴어라운드를 실행할 당시에는 어렵고 힘든 터라 이런 결과가 올 것이라 누구도 장담하기 어렵습니다. 하지만 성공적인 턴어라운드를 거치고 나면 대개 이런 모습이 나타납니다.

인생도 그렇듯 어려움을 겪는 당시에는 잘 알지 못합니다. 시간이 지나고 모든 문제가 해결되고 나서야 그 위기의 순간이 엄청난 기회였구나 깨닫는 것입니다.

스타벅스가 알려주는
턴어라운드의 비밀

스타벅스 이야기도 어느덧 끝을 향해 가고 있네요. 그들의 역동적인 스토리를 통해 우리는 턴어라운드가 무엇인지 배울 수 있습니다.

턴어라운드는 자신의 정체성을 돌아보고 기본으로 돌아가는 과정이다

앞만 바라보며 달려가다 보면 넘어질 수 있습니다. 이때 일어나서 잠시 생각을 할 수 있습니다. '나는 누구인가? 내가 가는 이 길이 맞는 길인가?' 기업도 그렇게 스스로 물어야 합니다. '우리의 정체성은 무엇인가?', '우리 사업의 본질은 무엇인가?' 이 질문에 대한 답을 찾는 과정이 턴어라운드임을 스타벅스는 보여주고 있습니다.

📈 턴어라운드는 관점의 변화를 가져온다

하워드 슐츠가 고백했듯이 스타벅스는 성장이라는 유혹에 사로잡혀 자신을 잊고 있었습니다. 3년간 실행된 턴어라운드를 통해 그들은 정신없이 뛰던 걸음을 잠시 멈추고 성장 중심의 사고에서 사명 중심, 수익 중심으로 방향을 전환했습니다. 턴어라운드가 '돌아서다'의 뜻을 가지고 있듯이 사업 초기의 관점과 가치관으로 돌아서는 과정이 턴어라운드임을 스타벅스는 보여줍니다.

📈 턴어라운드의 시작은 사람이다

문제를 느낀 사람, 해결할 의지가 있는 사람, 그 길을 찾을 수 있는 사람. 스타벅스에선 그가 하워드 슐츠였습니다. 그는 비전을 품고 있었고 무엇이 잘못되었는지 느끼고 있었습니다. 그것을 고치고 다시 원래의 방향으로 돌아오기 위해 그는 함께할 팀을 구성했습니다.

그가 찾은 사람들은 그냥 뛰어난 사람이 아니었습니다. 방향을 함께 점검할 수 있는 사람, 그 방향에 비추어 어긋난 것을 조정해 돌이킬 능력과 의지가 있는 사람들이었습니다.

📈 턴어라운드는 후퇴를 받아들이는 것이다

이전에 하워드 슐츠가 이사회 의장으로 관여했던 결정들이 당시의 회사에 부담을 안겨주었던 것은 사실입니다. 하지만 그는 변명을 하기보다 잘못된 결정들을 신속히 철회하거나 수정하여 피해를 최소화하고 근본부터 다시 다듬는 작업을 해나갔습니다.

2008~2009년 900개의 매장과 6,700명의 직원을 내보내야 하는 상황을 빨리 받아들이고 다음을 위해 움츠리는 것. 턴어라운드는 이처럼 장기적인 성장을 위해 지금의 후퇴를 정직하게 받아들이는 것입니다. 당장의 어려움이 있을 때 우리는 대충 수습하려는 모습을 보입니다. 하지만 확실한 수술만이 완치를 가져올 수 있음을 스타벅스의 성공적인 턴어라운드는 보여주고 있습니다.

스타벅스 코리아

전 세계 국가 중 한국인의 스타벅스 사랑은 유명합니다. 그래서 스타벅스 코리아에 대한 이야기를 짧게나마 정리해보았습니다.

스타벅스 코리아는 1997년 9월에 설립된 법인으로 이마트와 스타벅스가 50:50으로 공동 투자한 기업입니다. 2019년 결산 결과 스타벅스 코리아는 1,334개 매장에서 1조 8,696억 원의 매출을 올리고 있는 대한민국 커피 시장 최강자이자 매장 수에서도 전 세계 스타벅스 국가 중 다섯 번째로 많은 기업입니다. 국내 전자공시시스템DART에 등록된 기업공시 자료를 분석해본 결과 스타벅스 코리아의 매출 성장률은 상상을 초월합니다. [도표 4-11]을 보시죠.

2001년 매출은 252억 원이었으나 19년 만인 2019년에는 1조

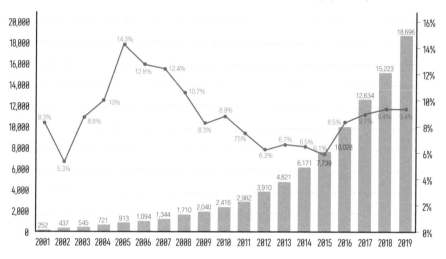

스타벅스 코리아 매출 & 영업이익률

단위 : 억 원, %, ■ 매출, ─ 영업이익률

8,696억 원으로 74배로 증가하였고 그 수치를 연평균 매출 성장률로 환산해보면 매년 27% 성장했습니다. 그래프에서 볼 수 있듯 한 해도 매출이 떨어진 적이 없을 뿐만 아니라 영업이익률도 2005년 이후 감소하는 추세였으나 2015년부터는 다시 조금씩 개선되고 있어 현재 약 10%의 영업이익률을 기록하고 있습니다.

스타벅스 코리아가 19년 동안 매년 27%씩 매출 성장을 이룬 것이 얼마나 대단한 기록이냐 하면, 스타벅스 본사가 매년 성장한 기록과 비교해보면 확실히 알 수 있습니다.

스타벅스 본사의 기록과 한국 기록을 동일한 기간인 19년으로 끊어서 비교해봅시다. 스타벅스 본사가 19년 동안 연평균 19% 성장하면서 23배 규모로 커진 반면, 스타벅스 코리아는 연평균 27%로 성장하면서 74배 커졌습니다. 다시 말해 한국의 성장 기록은 본사보다 무려 3.2배나 높습니다. 이런 것을 일컬어 '압도적 우위'라고 하는 것이겠죠. 물론 스타벅스가 지금의 엄청난 브랜드 파워를 소유하기까지에는 한국인이 보낸 성원과 사랑이 큰 도움이 됐을 것입니다.

STARBUCKS'S EPILOGUE

요즘 스타벅스 관련 소식을 듣고 있으면 '이들은 다시금 또 변화하고 있구나.' 하고 느낍니다. 그들만의 방식으로 해나가는 디지털 트랜스포메이션이 그중 하나입니다. 온·오프라인을 통합하며 옴니채널로 나아가는 스타벅스의 모습을 보면 앞으로도 그들은 최강자의 자리를 내어놓지 않을 것 같다는 생각이 듭니다.

언젠가 스타벅스가 또 한 번 턴어라운드 상황을 맞이한다면 두 가지 포인트로 해법을 찾을지 모르겠습니다. '정신의 회복'과 '기술'입니다. 정신을 회복하는 데 기술을 활용하는 것이죠. 다시 말해 고객을 위한 철학을 기술로 구현하는 것이 될 것입니다.

앞으로의 턴어라운드 매니지먼트는 거의 모든 경우에 기술이 들어갈 것입니다. 저는 문과생 출신인데 이렇게 기술이 중요해져만 가니 자꾸만 힘이 듭니다.

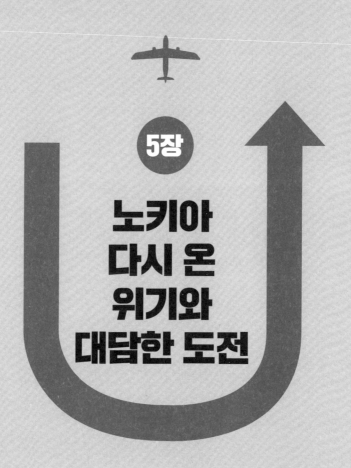

5장

노키아
다시 온
위기와
대담한 도전

NOKIA

NOKIA' PROLOGUE

턴어라운드 사례로 보자면 좀 오래된 터라 굳이 노키아를 이야기할 필요가 있을까 하는 고민을 했습니다. 그런데도 노키아를 이 책에 넣기로 한 것은 최근 트렌드를 대표하거나 핫한 기업은 아니지만 그들의 치열했던 턴어라운드를 생략한다는 것이 너무나 아까웠기 때문입니다.

노키아는 우리에게 모바일폰의 세상을 열어준 고마운 기업입니다. 한때 IT 세상을 제패한 선구적인 기업이기도 합니다. 더구나 그들이 휴대폰으로 세계 시장을 누볐던 이야기는 드라마와도 같습니다. 누구도 따라 하기 어려운, 매우 모험적이고 대담한 도전이었습니다.

권불십년이라는 말이 있듯, 노키아는 그들이 15년 동안 누린 휴대폰 왕좌의 자리를 애플에게 빼앗긴 이래 아직도 어려움을 겪고 있습니다. 세계 1위 모바일 기업에서 나락으로 떨어진 후 B2C 시장에서 B2B 시장으로 비즈니스 영역을 옮겨 새로운 도전을 몇 년째 이어가고 있지만 아직 확실한 답을 찾은 것은 아닙니다.

하지만 턴어라운드 이후 성공을 이어가지 못했다고 해서 그 기업의 담대한 턴어라운드가 평가절하되어서는 안 될 것입니다. 언젠가 "노키아요? 그 회사 망한 거 아니에요?"라는 말을 듣고 얼마나 마음이 아팠는지 모릅니다. 기억해주십시오. 그들은 안 망했습니다. 힘든 상황 가운데 지금 두 번째 턴어라운드를 진행하며 인내의 시간을 보내고 있습니다.

아직까진 성공을 장담하기 어렵지만 노키아가 과연 두 번째 턴어라운드마저 성공할지 조금 더 지켜볼 필요가 있습니다.

1990년대 노키아의 1차 위기

　노키아라는 기업을 아십니까? 자일리톨 껌으로 유명한 핀란드의 대표적인 IT 기업입니다. 핀란드는 북유럽에 속한 나라이며 스웨덴, 러시아와 국경을 접하고 있습니다. 국토의 면적은 대한민국의 세 배가 넘지만 인구수는 우리의 10분의 1밖에 되지 않는 나라입니다. 또한 2019년 기준으로 1인당 국민소득이 4만 9,900달러인 세계 14위의 경제부국입니다(한국이 3만 1,940달러로 29위인 점을 고려하면 그들의 소득 수준을 짐작할 수 있습니다.).

　노키아는 핀란드에서 가장 규모가 크면서 나라를 상징하는 기업이었습니다. 한때 핀란드는 몰라도 노키아는 안다는 말이 있을 정도로 휴대폰 브랜드로 1990년대 후반부터 약 15년 동안 세계 시장을 평정했습니다. 자, 그럼 지금부터 한 시대를 풍미한 초우량기업 노키아의 턴어라운드 스토리를 시작해봅시다.

1988년 12월 11일 한 사나이가 자살을 했다는 소식이 핀란드 전역에 퍼졌습니다. 그는 핀란드의 대표적인 기업인 노키아의 CEO 카리 카이라모Kari Kairamo였습니다. 노키아는 핀란드 내에서 가장 규모가 큰 기업이었기에 국가 경제에서 차지하는 비중이 작지 않았고 그 기업의 수장을 맡고 있던 CEO의 자살은 충격 그 자체였습니다. 그가 왜 죽음을 택했는지 정확히 알려진 바는 없지만 노키아가 어려움을 겪고 있던 시기에 벌어진 일이라 기업이 받은 유무형의 타격이 하나의 원인이지 않았을까 하는 추측을 해봅니다.

CEO가 자살할 만큼 엄청난 압박이 노키아 내에서 벌어지고 있었던 걸까요? 그렇습니다. 노키아는 급속히 무너지고 있었습니다.

1865년 핀란드에서 시작된 노키아의 최초 본업은 제지업이었습니다. 이후 고무와 케이블로 사업을 확장하여 운영하다가 1960년대에 통신장비업에 진출했고 1980년대에는 TV 등 가전 사업에까지 손을 뻗었습니다. 이렇게 사업 분야를 다각화한 결과 핀란드 내 최대 기업이 되었지만 TV 분야에서의 막대한 손실과 제지 및 경공업의 최대 수출국이었던 소련연방의 해체로 회사는 일대 위기를 맞이하게 됩니다.

노키아 CEO의 자살은 이런 소용돌이가 시작되는 시기에 벌어진 비극이었습니다. 동시에 노키아가 19세기형 사업을 정리하고 20세기형 사업으로 전면적인 개혁을 시작하는 도화선이 됩니다.

노키아에 관한 이야기를 시작하기 전에 당시 상황을 전하는 다음의 기사를 소개합니다.

요르마 올릴라

1992년 1월 핀란드 수도 헬싱키의 한 은행 건물. 당시 노키아 본사가 입주했던 이 건물 3층 회의실에서 노키아 그룹 이사회는 중대한 결정을 내린다. 노키아 그룹의 작은 계열사에 불과했던 '모바일 커뮤니케이션 사업부'의 당시 사장이었던 요르마 올릴라Jorma Ollila가 그룹 CEO로 전격 발탁된 것이다. 그의 나이 41세. 당시 요르마는 검증된 것이 거의 없는 경영 초년병이었다. 노키아 그룹 내 서열은 10위였고 계열사 사장에 취임한 지 채 2년이 되지 않았었다.

경험은 없지만 패기로 가득한 그를 총수로 선택해 모험을 걸어야할 만큼 노키아는 최악의 상황을 맞고 있었다. 당시 노키아는 종이·목재에서 케이블·TV, 심지어 고무장화까지 생산할 만큼 문어발식 경영을 하던 전형적인 재벌그룹이었다.

하지만 1980년대 말부터 급속한 경영악화에 직면했고, 1990년대 초에는 도산 위기에 빠졌다. 씨티은행에서 일하던 올릴라를 스카우트해온 노키아의 전임 CEO가 경영 악화에 대한 압박에 시달리다 못해 자살하는 사태까지 벌어졌다. 결국 채권 은행단은 노키아 그룹을 분해해 스웨덴의 통신그룹 에릭슨에 매각할 계획을 추진했다. 핀란드의 국가 경제 역시 악화 일로를 겪고 있었다. 구소련과의 교역에 주로 의존하던 핀란드 경제는 당시 소련연방의 붕괴에다 자산 거품까지 터지면서 경제 전반이 위기로 치달았다. 1990~1993년 사이 국내총생산(GDP)이 10% 줄어들고 실업률은 18%까지 치솟았다. 이런 상황에서 CEO로 취임한 올릴라는 "노키아를 먹여 살릴 원동력은 무엇인가?"를 놓고 반년 이상 이사회 논의를 계속했다. 그리고 두 가지 결론을 내렸다.

첫째, 소련은 역사의 종말처리장으로 버려졌다. 소련에 주로 수출하던 제지·고무·케이블 등 불필요한 사업은 모조리 매각한다.

둘째, 휴대전화가 소수의 사무용품에서 다수의 생활용품으로 변하는 시대가 온다. 여기에 집중한다.

올릴라는 다섯 명의 핵심 임원으로 새로운 구상을 실천할 '드림팀'을 구성했다. "통신 분야에만 매달리는 것은 위험하다."는 내부 반발도 컸지만, 그는 "목표를 정하기까지는 시간을 쏟을 수 있지만 일단 정해진 목표는 담대하게 추진해야 한다."며 밀어붙였다. "통신과 함께 살거나 죽는다."는 절박한 심정이었다. 이후 노키아는 통신 분야에 투자할 자금을 마련하기 위해 종이 펄프·고무장화·컴퓨터·가전 부문을 다 팔아 치웠다. 그 결과 4만 4,000명이던 그룹 직원이 1994년 초에는 2만 6,000명으로 격감했다. 이런 그에게 미국의 경제 주간지 〈비즈니스 위크〉는 "운명과 맞서 싸우는 핀란드인 Finn fatale"이란 별명을 붙여주었다.   – 〈조선비즈〉, 2017.1.16

노키아의 1차 턴어라운드

노키아의 사례는 경영학에서 자주 인용될 만큼 드라마틱한 이야기입니다. 신임 CEO인 요르마 올릴라는 기업의 존립이 위태로운 1992년 취임하여 6년만인 1998년 모바일 업계의 절대지존이었던 모토로라를 제치고 노키아를 휴대폰 세계 1위 기업으로 우뚝 세웁니다.

노키아가 휴대폰을 만드는 기업으로 시장에 나왔을 때 당시 절대강자였던 모토로라는 노키아라는 이름을 듣고 웃었다고 합니다. "일본기업인가?", "발음이 이상하네. No Kia? Kia가 아니라는 말인 거 같은데 무슨 뜻이야?", "이런 괴상한 이름으로 뭘 하겠다고?"

아마 그들은 6년 뒤 세계 1위 타이틀을 조롱했던 그 기업에게 넘겨주게 되리란 걸 상상도 못 했을 것입니다. 그도 그럴 것이 핀란드라는 나라는 북유럽에 있는 작은 나라였고 인구라고 해봐야 모토로라가 소재한 시카고 주의 인구보다도 적었으니까요. 그저 그런 작은 나라의 신생기업에 대해 당시 세계 1위 기업이 신경이나 썼을까요? 골리앗과 다윗의 전투 만큼이나 일방적인 전력 차를 보이는 싸움이었습니다.

하지만 불과 6년 후 두 기업의 입장은 정확히 반대가 됩니다. 1998년 노키아는 세계 1위(휴대폰 대수 기준)를 차지하며 왕좌에 올랐고 모토로라는 2위로 내려앉았습니다. 양사의 실적 추이를 보면 매우 흥미롭습니다.

○ 노키아와 모토로라의 실적 비교

	노키아	모토로라
1992년	매출 4조 원 영업손실 1,700억 원(-4%)	매출 15조 원 영업이익 5.5조 원(37%)
1997년	매출 12조 원 영업이익 1.9조 원(16%)	매출 36조 원 영업이익 1.5조 원(4%)
1998년	매출 18조 원 영업이익 3.4조 원(19%)	매출 36조 원 영업손실 1.1조 원(-3%)

노키아는 6년이라는 짧은 시간 동안 공룡기업 모토로라의 비웃음이 얼마나 어리석은 행동이었는지를 성과로 입증했습니다. 그들은 세계 1위로 올라선 이후에도 진격을 멈추지 않았습니다. 당시 노키아의 아성이 얼마나 두터웠는지는 [도표 5-1]을 통해 알 수 있습니다.

2000년대 초반 IT 거품이 꺼지며 불어닥친 세계적인 불황에서도 노키아의 세계 시장 점유율은 오히려 큰 폭으로 성장했습니다. 2003년

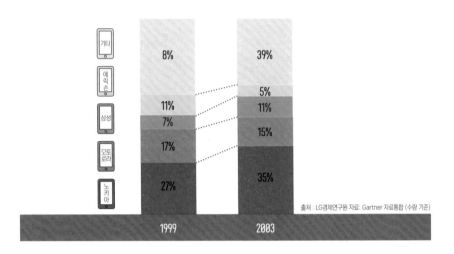

도표 5-1

세계 휴대폰 시장 점유율

기타

에릭손

삼성

모토로라

노키아

8%

11%

7%

17%

27%

39%

5%

11%

15%

35%

출처 : LG경제연구원 자료: Gartner 자료통합 (수량 기준)

1999

2003

노키아의 세계 시장 점유율 35%는 2~4위 기업의 시장 점유율 모두를 합한 것보다 4%나 높습니다. 시장 점유율이 가장 높았던 때는 전 세계 시장의 40%를 노키아 혼자서 차지했습니다. 이때만 해도 이들에게 대항할 모바일 기업이 나타나리란 것을 누구도 상상하지 못했습니다.

노키아 덕분에 WEF(세계경제포럼)가 발표하는 국가경쟁력 지수에서 핀란드는 2003년 당당히 1위를 거머쥐고 그 후로도 4년 연속 이어갔습니다. 지금 한국에서 삼성전자가 차지하고 있는 위상도 노키아가 핀란드 내에서 가졌던 당시의 영향력에는 미치지 못합니다. 그 정도로 노키아는 국가의 위상을 좌지우지했던 전 세계 톱 클래스 초우량기업

노키아의 매출 변화

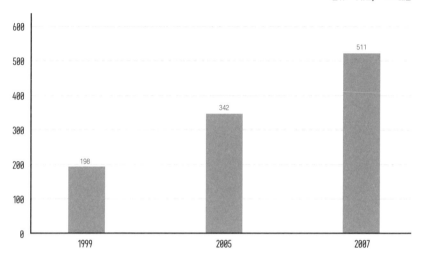

단위: 억 유로, ━ 매출

이었습니다. 노키아의 매출 변화를 [도표 5-2]를 통해 확인해보시죠.

1998년 세계 1위로 올라선 후 다음 해인 1999년 노키아는 매출 198억 유로(약 27조 원)를 달성했고 그로부터 8년 뒤인 2007년에는 511억 유로(약 70조 원)에 이르렀습니다.

노키아의 1차 턴어라운드 전략

노키아는 어떻게 이런 신화 같은 턴어라운드를 완성했을까요? 다 각도의 조사를 통해 파악한 그들의 전략을 요약해보면 다음과 같습니다.

- 통념에서 벗어나 CEO를 발탁하다.
- 젊은 드림팀을 통해 변혁을 주도하다.
- 장기적인 관점으로 주력 사업을 선택하다.
- 비주력 사업에 대한 대대적인 구조조정을 실시하다.
- 주력 사업에 집중 투자(과감한 연구개발 노력)하다.
- M&A(기업인수)를 통한 성장 가속화를 꾀하다.

노키아란 기업의 역사를 살피다 보면 이 전략들을 어렵지 않게 알아낼 수 있습니다. 앞서 인용한 기사를 통해서도 같은 내용이 확인됩니다. 특이한 점은 이들은 인수방식을 통해 단기간에 경쟁력을 확보하는 전략을 즐겨 사용했다는 것입니다.

이렇게 열거해서 보면 어렵기는 해도 불가능해 보이지는 않을 수 있습니다. 그들의 전략이 갖는 난이도를 이해하려면 약간의 부연 설명이 필요합니다.

📈 통념에서 벗어나 CEO를 발탁하다

올릴라는 씨티은행 은행원 출신이었습니다. 기술이나 엔지니어링 배경의 사람이 아니었습니다. 비록 그가 2년 전 통신 사업 담당 임원으로 합류했다고는 하지만 모바일 커뮤니케이션 사업부의 매출 비중은 그룹 전체 매출의 2%에 불과했던 때입니다. 이사회는 그런 그를 그룹 총괄 CEO로 발탁했습니다. 위기에 빠진 노키아 이사회 내에는 은행도 깊이 개입되어 있었을 것이므로 은행가 출신인 올릴라가 깊은 신망을 받았을지도 모르겠습니다. 하지만 제지나 통신기술 분야에 비전문가인 그를 발탁한 것은 당시의 통념을 깨는 파격적인 결정이었습니다.

채권단은 노키아의 미래를 낙관적으로 바라보지 않았습니다. 더구나 제지 분야 최대 고객인 소련연방의 붕괴로 주력 사업에서의 매출이 큰 폭으로 하락했고, 그로 인한 실적 부진으로 전임 CEO가 목숨을 끊는 비극적인 사건까지 일어났으니까요. 아마도 채권단은 기업을 포기하려는 마음이 컸을 것입니다. 마지막 방안으로 자산을 분할하여 매각하려는 계획을 신임 CEO가 맡아주길 바라고 있었을 것입니다.

하지만 올릴라는 신임 CEO로 취임한 후 매각이 아닌 기업을 존속시키고 성장시키는 방안을 적극적으로 찾아나섭니다. 우선 핵심 임원 다섯 명으로 구성된 드림팀을 통해 노키아의 중장기 전략을 준비했고, 이사회와 6개월에 걸쳐 의견을 주고받으며 그 전략들을 다듬어 나갔습니다. 마침내 이사회에서도 그와 경영진의 도전적인 전략에 믿음과 지원을 보내주었습니다.

📈 젊은 드림팀을 통해 변혁을 주도하다

올릴라 씨는 1950년생으로 CEO에 취임한 당시 42세의 젊은 나이였습니다. 그런데 그가 구성한 5인의 드림팀 또한 기술에 대한 지식과 경험이 필수적인 R&D 책임 임원을 제외하고는 자신보다 어린, 당시로서는 대단히 젊은 팀이었습니다. 다음 사진에서 5인의 드림팀 멤버를 왼쪽부터 순서대로 소개하겠습니다.

아래에 앉아있는 인물 중 왼쪽 첫 번째는 페카 알라피에틸뢰 Pekka Ala-Pietil로 모바일폰 사업부 대표이고 당시 34세였습니다. 아래 줄 네 번째는 텔레커뮤니케이션 사업부 대표 마티 알라우타 Matti Alahuhta로 당시 39세였습니다.

출처: 노키아 연말보고서

　위에 서 있는 인물 중 왼쪽 첫 번째는 연구개발 본부장 이뢰 노이보Yrjö Neuvo로 48세였고, 그 옆에 있는 인물은 CFO인 올리페카 칼라스부오Olli-Pekka Kallasvuo로 당시 40세였습니다. 그 옆 세 번째 인물은 텔레커뮤니케이션 셀룰러 시스템 대표 사리 발다우프Sari Baldauf로 36세였습니다.

　앞서 말씀드린 대로 역할의 특성상 연구개발 본부장을 제외한 리더들은 대단히 젊습니다. 네 명의 평균 연령이 37세로 지금으로부터 28년 전인 1992년이라는 사실을 감안하고 본다면 깜짝 놀랄 만큼 젊은 리더 그룹이 탄생한 것입니다. 더구나 노키아의 주력 사업이었던 제지업은 가장 전통적인 산업군이었기에 전임 경영진과 비교하면 평균 연령이 15세 이상 낮은 것이었습니다. 요즘도 어느 대기업에서 30대 최연소 임원이 나왔다는 뉴스가 보도되면 '의외의 발탁'이라고 하는데 1992년 당시의 분위기가 어땠을지 가히 짐작이 됩니다.

올릴라 CEO는 젊은 드림팀과 함께 노키아를 통신기업으로 탈바꿈하는 전략을 수립하고 하나하나 실행에 옮깁니다. 한계를 정하지 않고, 가능성을 믿고, 단기간 내에 기업의 뿌리를 바꾸는 이 작업에 드림팀의 기여는 결정적이었고 노키아는 결국 꿈을 이룹니다.

그리고 훗날 올릴라에 이어 노키아의 차기 CEO로 등극하는 인물 또한 이 팀에서 나옵니다. 팀 내에서 가장 어린 리더였던 페카 알라피에틸뢰서였습니다.

📈 장기적인 관점으로 주력 사업을 선택하다

100년간 주력 사업으로 여기며 운영해오던 제지 분야를 버리고 통신 사업으로 방향을 튼 노키아. 하지만 대단한 기술을 보유하고 있던 것은 아니었습니다. 다만 통신 사업 특히 모바일 디바이스와 솔루션 사업은 분명 부상하고 있던 분야였고, 다행히 최소한이나마 이 부문에서 비즈니스 포트폴리오를 가지고 있었던 터라 올릴라 CEO를 비롯한 드림팀은 통신 사업을 차세대 주력 사업으로 육성하려 한 것입니다.

이 결정이 얼마나 대담하고 무모했는가는 모바일 분야의 매출이 그룹 전체 매출에서 차지하는 비중을 보면 짐작할 수 있습니다. 그것은 고작 2%였습니다. 2%의 새로운 기회를 잡기 위해 98%의 기득권을 과감히 버리는 결단이 그들이 내린 결정입니다.

이런 결정을 두고 회사 내 다수의 간부와 직원들이 이같은 반응을 보였다고 합니다. "미쳤군.", "제정신이야?", "기술도 모르는 것들이 뭘 안다고?", "무모하네."…

경영진이 내린 결정에 크게 반발하는 사람들이 회사 내부와 외부 도처에 있었습니다. 그런데도 올릴라 CEO를 비롯한 드림팀은 결정을 바꾸지 않았습니다. 2%의 기회를 향해 도전한 것입니다.

📈 비주력 사업에 대한 대대적인 구조조정을 실시하다

그들이 통신 사업으로 완전히 방향을 전환한 난 후 단행한 구조조정은 매우 단호한 결정과 행동을 수반했습니다. 올릴라 CEO가 취임하던 때인 1992년 4만 4,000여 명이었던 그룹 직원 수가 1994년에는 2만 6,000여 명이었으니 약 40%의 직원이 회사를 떠난 셈입니다.

비핵심 부문에 대해서는 무차별적인 매각을 실행했습니다. 올릴라 CEO는 '통신과 함께 살거나 죽는다'는 심정으로 주력 사업이었던 제지, 펄프, 고무장화, 컴퓨터, TV를 비롯한 가전 사업을 모두 매각하여 통신 사업에 투자할 자금을 모았습니다. 이러한 매각과 구조조정 작업은 1993년부터 본격적으로 시작되어 1997년까지 단계적으로 이어졌습니다.

주력 사업을 남기고 모두 정리하는 결정과 실행은 결코 쉬운 일이 아닙니다. 하지만 집중해야 할 사업을 제외한 나머지 모두를 버리는 극단적인 집중이 노키아의 선택이었고, 노키아는 그렇게 성공을 만들어갔습니다. 그렇기에 사업 구조조정을 이야기할 때 노키아 사례가 개혁의 상징처럼 인용되는 것입니다. 노키아가 보여준 '버림의 미학'은 그때나 지금이나 아니 앞으로도 모든 경영자에게 소중한 교훈을 시사할 것입니다.

📈 주력 사업에 집중 투자(과감한 연구개발 노력)하다

처절하리만큼 단호하게 구조조정을 단행하는 동시에 핵심 사업에서만큼은 대규모 투자를 이어갔습니다. 그 대표적인 전략이 연구개발비의 투자입니다. 연구개발비에 대해서는 [도표 5-3]을 참고하길 바랍니다.

통신 부문을 핵심 사업으로 선택한 이후 노키아는 매년 연구개발비를 늘렸습니다(사실 이러한 그들의 기술 우선 정책은 지금까지도 이어져 오고 있습니다.). [도표 5-3]을 보면 매출의 9~13%에 해당하는 연구개발비를 줄곧 유지해왔음이 보입니다. 연도에 따라 영업이익이 늘기도 하고 줄기도 했지만 일관되게 연구개발비 총액은 한 해도 줄어든 적이 없습니다.

이러한 적극적인 연구개발 장려정책으로 노키아는 놀라운 결과물

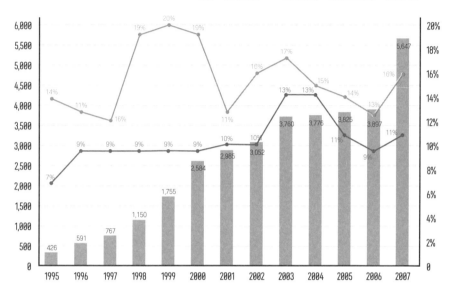

도표 5-3 노키아 연구개발비 & 비율

단위 : 백만 유로, %, ■ 연구개발비, — 매출대비 비율, — 영업이익률

을 만들어냅니다. GSM 콜이 최초로 노키아 폰을 통해 시도되었고, 세계 최초 셀룰러 네크워크, 세계 최초 카폰, 세계 최초 카메라가 내장된 폰 등 노키아는 모바일 통신 부문에서 최첨단 기술력을 보유한 기업으로 탈바꿈했습니다. 적극적인 연구개발 투자가 근간을 이루었기에 거둘 수 있던 성과였습니다.

∿ M&A를 통한 성장 가속화를 꾀하다

노키아는 2007년까지 31건의 인수거래를 성사하며 기업, 인재, 기술 등을 사들이려 노력했습니다. 노키아의 성장 전략은 늘 비슷합니다. 핵심 사업을 정해 과감하게 투자하여 성장 전략을 구사하고, 비핵심 분야는 빠르고 완전하게 정리하는 것입니다. 이 과정에서 시간을 단축하고 신속히 경쟁력을 갖추는 강력한 도구로 그들은 M&A(기업인수)를 적극적으로 활용했습니다. [도표 5-4]는 노키아가 2017년까지 인수한 기업들입니다.

노키아 인수건 리스트

출처 : 노키아 애뉴얼 리포트

번호	인수일자	인수기업명	비고(연관 사업)
1	2007.12.04	아베누Avvenu	Enterprise solutions
2	2007.10.23	비벤토Vivento	Nokia Siemens Networks
3	2007.10.08	엔포켓Enpocket	Nokia Corporation
4	2007.07.24	티왕고Twango	Multimedia
5	2006.10.16	라우드아이Loudeye Corp.	Multimedia
6	2006.10.12	게이트파이브gate5 AG	Multimedia
7	2006.06.30	LCC International's U.S. deployment business	Networks
8	2006.02.10	인텔리씽크Intellisync Corp.	Enterprise Solutions
9	2004.10.18	메트로웍스 Metrowerks Corporation	Nokia Corporation
10	2003.11.03	타호네트웍스Tahoe Networks	Nokia Networks
11	2003.08.19	세가Sega.com Inc.	Nokia Mobile Phones
12	2003.04.22	아이젤테크놀로지스 Eizel Technologies(TM)	Nokia Internet Communications
13	2002.05.22	레드백네트웍스 Redback Networks Inc.	Nokia Networks
14	2001.07.25	암버네트웍스Amber Networks Inc.	Nokia Networks
15	2001.06.28	에프파이브 네트웍스 F5 Networks Inc.	Nokia Internet Communications
16	2000.12.07	람프네트웍스Ramp Networks Inc.	Nokia Internet Communications

17	2000.10.20	NGI Industrial (NGI)	Nokia Mobile Phones
18	2000.08.08	디스커버리컴 DiscoveryCom Inc.	Nokia Networks
19	2000.02.01	네트웍알케미 Network Alchemy Inc.	Nokia Internet Communications
20	1999.12.13	팀웨어그룹 TeamWARE Group (Security software business)	Nokia Wireless Network Solutions
21	1999.10.22	텔레콜그룹 Telekol Group	Nokia Internet Communications
22	1999.09.02	루프탑 커뮤니케이션 Rooftop Communications Corp	Nokia Networks
23	1999.06.30	에어콤 인터내셔널 Aircom International	Nokia Networks
24	1999.05.14	팀웨어 TeamWARE Group(R&D units)	Nokia Mobile Phones
25	1999.02.18	인토크 InTalk Corp	Nokia Wireless Business Communications
26	1999.02.16	다이아몬드 레인 커뮤니케이션스 Diamond Lane Communications	Nokia Networks
27	1998.12.18	비엔나 시스템 Vienna Systems Corp	Nokia Internet Communications
28	1998.09.17	엔이 프로덕츠 오이 NE-Products Oy	Nokia Mobile Phones
29	1998.08.20	유저 인터페이스 디자인 User Interface Design	Nokia Communications Products
30	1998.06.25	마트라 노텔 커뮤니케이션스 Matra Nortel Communications	Nokia Mobile Phones
31	1997.12.09	입실런 네트웍스 Ipsilon Networks Inc	Nokia Networks

1차 턴어라운드로 이룬 성과

1992년 신임 CEO 영입 이후 노키아가 2007년까지 만들어낸 성과를 수치를 통해 확인해봅시다. 장담컨대 매우 흥미롭고 놀라운 결과를 볼 수 있을 것입니다. 여기서는 1995년부터 2007년까지 13년간의 데이터를 대상으로 추적해보았습니다.

📈 매출액 변동 추이

13년간 노키아의 매출은 얼마나 증가했을까요?

[도표 5-5]를 보면 1995년 62억 유로(약 8조 4,000억 원)에서 2007

노키아 매출 추이

단위 : 백만 유로, %

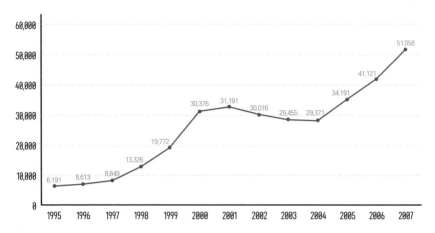

년 511억 유로(약 69조 원)로 824% 성장한 결과를 보였습니다. 즉 13년 동안 매출이 8.2배 성장했습니다. 이를 연간 평균 성장률로 계산해보면 매년 20%씩 13년간 성장한 것입니다.

영업이익과 영업이익률의 변동 추이

[도표 5-6]는 노키아의 영업이익과 영업이익률 추이를 나타낸 것입니다. 그래프를 보면 노키아의 영업이익은 1995년 8억 4,000만 유로(약 1조 1,340억 원)에서 2007년 79억 9,000만 유로(약 10조 7,865억 원)로

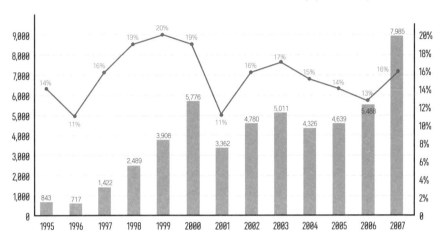

| 도표 5-6 | 노키아 영업이익 & 영업이익률 |

단위 : 백만 유로, %,   ■■■ 영업이익, — 영업이익률

950% 성장한 수치를 보입니다. 9.5배 성장한 것이죠. 이를 연간 평균 성장률로 계산해보면 13년간 매년 21%씩 성장한 기록입니다. 매출 증가율보다 영업이익 증가율이 더 높았음을 알 수 있습니다.

더불어 영업이익률 변화도 확인해봅시다. 2000년까지 높은 이익률을 보이다가 2001년에 떨어졌지만 여전히 높은 이익률을 기록하고 있습니다. 9~13%의 연구개발비를 사용하면서 이 정도의 이익률을 유지해나간다는 것은 정말 대단한 성과입니다.

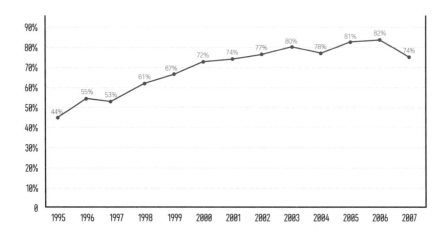

| 도표 5-7 | 노키아 모바일 디바이스&서비스 매출 구성비 |

단위 : %

주력 사업의 매출 구성비

[도표 5-7]은 주력 사업인 모바일 디바이스&서비스 매출이 총 매출에서 차지하는 비중입니다. 매년 꾸준히 성장하는 모습이 보입니 다. 특히 2006년에는 최대 82%에 이를 정도로 매출이 성장했습니다.

1992년 그룹 총매출의 2%를 점하던 모바일 사업이 1995년 44% 까지 오르고, 2006년에는 82%를 차지할 정도로 급속 성장을 이루었으 니 엄청난 변화를 만들어낸 것입니다.

노키아 1차 턴어라운드 성공 요인

노키아의 성공이 매력적이고 흥미로운 이유는 현실에서 찾기 쉽지 않은 영화 같은 면이 있기 때문입니다. 그렇기에 그동안 기사와 사례 연구로 많이 다루어졌습니다. 그중 하나인 〈포춘〉지는 올릴라와 했던 인터뷰 기사를 통해 노키아의 성공 요인을 세 가지로 분석했습니다.

- 노키아에 행운이 따랐다.
- 올릴라 CEO의 영리함 덕분이다.
- 노키아의 실용 정신에 입각한 집중 전략이 주효했다.

하지만 정작 노키아는 그들의 성공 요인에 대해 명확히 설명하려

들지 않았습니다. 비즈니스 역사를 통틀어 이목을 끌 만큼 매력적인 성공인데도 그들은 어떻게 그것이 가능했는지 떠벌리지 않았습니다. 그리고 그게 노키아였습니다.

노키아를 주제로 쓴《노키아 혁명The Nokia Revolution》의 저자 댄 스타인복Dan Steinbock은 노키아의 성공 요인을 다음과 같이 소개합니다.

- 대담한 전략적 계획
- 밸류체인 혁신을 통한 혁신적 제품
- 수평적 조직문화를 가진 팀 중심 조직
- 탁월한 협력관계를 통한 파트너 육성
- 인재를 중시하는 경영

한 가지 분명한 사실은 이 기적 같은 이야기가 올릴라라는 한 사람이 이룬 것은 아니라는 겁니다. 그에게는 고된 턴어라운드 과정을 동행한 충실하고도 명석한 팀이 있었고, 전폭적인 지지를 보내준 이 사회가 있었습니다. 이 세상 그 어떤 CEO도 전면적이고 총체적인 변화를 독자적으로 결정하고 지휘할 만큼의 권한을 부여받지 못합니다.

그러므로 노키아의 성공은 기업의 뿌리부터 새겨진 수평적인 의사소통 문화 속에서 자유로이 나눈 논의의 산물이고 그것을 리더와 구성원들이 뚝심있게 만들어낸 결과입니다.

턴어라운드에 관심 있는 분에게 도움이 될 중요한 책인《하드씽 Hard Thing》에서 저자인 벤 호로위츠Horowitz Ben는 가장 어려운 순간 자신과 함께한 동료에 대해 다음과 같이 설명한 바 있습니다.

> "신뢰할 수 있는 사람, 위기가 무엇인지 이해하는 사람, 기업이 망하는 것을 현장에서 경험한 사람. 그 사람과 2인 프로젝트를 시작했다."

실리콘밸리에 몸담으며 다양한 테크 기업의 엔지니어, 관리자 등으로 일해온 벤 호로위츠에게 존 오파렐 CFO는 절체절명의 순간 위기를 함께할 수 있는 사람이었습니다. 노키아에도 똑똑하고 비전을 가진 CEO가 있었고 다섯 명으로 구성된 드림팀이 있었습니다. 위기를 정확히 인식하고 수렁에서 회사를 건질 대담한 계획을 세우고 실현한 사람들이 있었습니다. 결국 턴어라운드의 중심을 관찰해보면 명확한 비전을 만들고, 명석하게 전략을 세우고, 단호하게 실행한 사람들이 보입니다.

노키아가 알려주는
턴어라운드의 비밀

    〈포춘〉지처럼 뻔한 성공 요인들을 열거하기 위해 지금까지 노키아에 관해 설명했을까요? 물론 아닙니다. 노키아의 턴어라운드를 통해 왜 그들이 '턴어라운드의 교과서'라고 불리는지를 제 관점으로 말하고 싶었습니다. 그들의 턴어라운드 전후 모든 과정을 살펴보면서 우리는 어떤 점을 깨달아야 하는지, 턴어라운드 매니지먼트에 관심이 있다면 그것이 정말 어떤 의미이며 실체는 무엇인지 제대로 볼 수 있기를 바랍니다.

    노키아 사례를 통해 깨달은 턴어라운드의 의미는 다음과 같습니다.

🖋 턴어라운드는 힘든 길이다

짧게 끝나지 않고 길게 가는 고생길입니다. 노키아의 전임 CEO
의 죽음이 단적으로 말해줍니다. 《하드씽》에서 벤 호로위츠는 대표로
서 느꼈던 압박을 다음과 같이 술회합니다.

> "그때는 나를 제외한 누구도 완전한 그림을 볼 수 없었다. 우리가
> 상장기업이라는 사실과 당시 내가 가지고 있던 지위 때문이었다.
> 나는 우리가 깊디깊은 곤경에 처해있음을 잘 알았다. 그런 곤경에
> 서 우리를 빠져나오게 할 수 있는 사람은 오로지 나 하나뿐이었다.
> (…) 이제부터는 전시였다. 내 결정이 적절한지에 따라 회사는 살 수
> 도 죽을 수도 있었다."

지금껏 제가 만난 턴어라운드를 이끈 CEO 중에는 불면증을 겪는
이들이 많았고 어떤 이는 폐소 공포증, 어떤 이는 성기능 장애를 겪기
도 했습니다. 그만큼 내면의 고통이 클 수밖에 없는 일입니다.

그렇기에 멘탈이 강해야 합니다. 세심한 사람보다는 약간 무딘 사
람이 잘해나갈 수도 있습니다. 이 길을 가는 경영자와 매니저들은 정
신력이 강해야 살아남습니다.

〽️ 누군가는 성공한다

턴어라운드의 성공 확률은 고작해야 10% 남짓밖에 되지 않습니다. 그것도 턴어라운드를 비교적 오랫동안 연구해온 서구와 일본의 경우가 그렇고 한국은 그보다 더 낮습니다. 지금껏 성공한 것보다 훨씬 더 많은 수의 기업들이 실패를 반복해왔습니다. 하지만 그럼에도 불구하고 누군가는 성공합니다.

현실에서 10% 정도의 가능성이면 도박은 아니지 않을까요? 더구나 그 확률을 지속해서 높여가는 사람들이 있습니다. 지금까지 누군가는 성공했고 지금도 누군가는 성공하고 있습니다. 재미있는 사실은 성공할 수 있는 조건을 다 갖춘 사람만이 성공하는 것이 아니라는 겁니다. 전혀 예상치 못한 사람, 아니 대중의 기대를 받지 못한 사람도 성공을 만들어내는 경우가 있습니다. 노키아가 그 대표적인 예입니다.

〽️ 같은 방식이 아닌 다른 방식으로 성공한다

예전에 안 됐던 방식을 더 열심히, 더 간절하게, 더 철저히 한다고 해서 성공하는 것이 아닙니다. 많은 사람이 다른 이들은 못 했지만 내가 하면 된다고 생각하거나, 그들보다 더 열심히 하면 된다고 생각합니다. 하지만 그렇지 않습니다. 다른 방식, 근본부터 다르게 생각하는 접근에서 성공은 시작됩니다. 다른 접근과 방식은 쉽게 얻어지지 않습니다. 그렇기에 전혀 다른 배경과 경험을 소유한 사람이 필요합니다. 사람은 태생적으로 자기의 한계, 관점이나 인식의 상자를 벗어나 생각하기가 쉽지 않습니다. 다른 관점으로 생각하고 다른 방식으로 시도한 경우를 눈여겨볼 때 성공이 보입니다.

〰 고생한 만큼 소득이 많다

영웅은 난세에 나타난다는 말이 있듯 비즈니스 역사에서의 많은 영웅이 턴어라운드 시기에 나타났습니다. GE의 잭 웰치, 애플의 스티브 잡스, IBM의 루이스 거스너, 레고의 크노스토르프, 마이크로소프트의 사티아 나델라 등 수많은 스타 CEO들이 턴어라운드를 통해 탄생했습니다.

기업가치는 또 어떤가요? 턴어라운드에 성공한 많은 기업이 괄목할 만한 기업가치의 성장을 이루어냈습니다. 노키아를 예로 들면 1992년 올릴라 CEO가 취임할 당시 노키아의 기업가치는 5억 유로(약 7,000억 원)였지만 턴어라운드를 성공적으로 완수하고 세계 1위를 하던 2005년 그들의 기업가치는 700억 유로(약 95조 원)로 폭발적인 성장이었습니다. 13년 사이에 기업가치가 140배로 뛴 것입니다. 평소라면 도저히 상상할 수 없는 성장이 턴어라운드에서는 예외적으로 나타납니다.

📈 기업과 관계된 모든 이들을 구하는 일이다

턴어라운드 매니지먼트는 투자자나 직원들만 구하는 일이 아닙니다. 현대 사회에서 기업은 많은 이에게 경제적, 비경제적으로 삶의 토대를 제공해주는 막중하고 소중한 역할을 감당하고 있습니다. 그러므로 기업을 위기에서 구해 성장의 길로 인도하는 턴어라운드는 모든 이를 구하는 일과 다름없다고 해도 전혀 과장된 표현이 아닙니다.

턴어라운드는 정말 어렵고 힘든 일입니다. 당신의 삶을 송두리째 바쳐야 하는 고된 과정입니다. 더구나 적어도 2~3년 동안 이어지는 긴 호흡의 과정입니다. 그렇기에 인내하고 참으며 당장의 변화와 개선이 보이지 않더라도 꿋꿋하게 흐트러짐 없이 가야 합니다. 약한 정신력으로는 감당할 수 없습니다. 하지만 분명 보람이 있습니다. 누군가를 살리는 길이며 사회에 보탬이 되는 의미 있는 과업이기 때문입니다.

이런 이유로 저는 이 일을 적지 않은 기간 동안 해오고 있으며 이 책을 읽고 있는 여러분도 이 과업에 함께하기를 권합니다.

다시 찾아온 위기와
2차 턴어라운드

지금까지 소개한 노키아 자료들은 모두 2007년까지로 맞추어져 있습니다. 그 후 노키아는 어떻게 됐을까요? 지금의 노키아는 어떤 모습일까요? 노키아의 기념비적인 턴어라운드 역사를 짚기 시작했을 때부터 저는 지금의 노키아까지 살펴보길 원했습니다. 과거에는 놀랍게 위기를 돌파한 기업이지만 그 후 부도가 나서 사라졌거나 꺼져가는 불꽃 같은 상황이라면 이전의 턴어라운드 신화도 그 의미가 조금은 바라지 않을까 하는 노파심에서였습니다. 그래서 2007년 이후의 노키아를 이야기해보려 합니다.

먼저 [도표 5-8]을 통해 시간을 조금 더 늘려 노키아의 매출 변화를 추적해보겠습니다. 2007년 이후의 변화를 주목해주세요. 2008년부

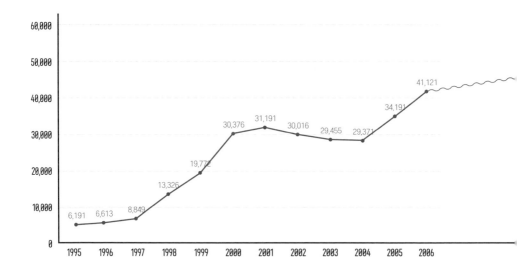

노키아 매출액 추이

터 서서히 나타난 실적 저하가 2009년부터는 놀라운 속도로 추락합니다. 2007년 6월 29일 스티브 잡스의 애플은 전 세계 모바일 디바이스 기준을 송두리째 바꿀 아이폰 1세대를 발표합니다(이에 관련된 이야기는 '개싸움'이라 직역되는 《Dog Fight》라는 책을 추천합니다.). 노키아의 운명에 금이 가는 순간이었습니다.

우연일까요? 노키아가 모토로라로부터 세계 1위 자리를 빼앗는 데 6년이 걸렸듯이 아이폰이 출시되고 6년 후 노키아는 모바일 사업을 포기하고 마이크로소프트사에 매각을 결정합니다. 2007년도 511억 유

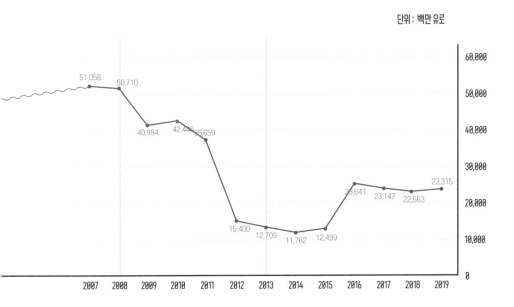

단위 : 백만 유로

51,058
50,710
40,984
42,446
38,659
15,400
12,709
11,762
12,499
23,641
23,147
22,563
23,315

60,000

50,000

40,000

30,000

20,000

10,000

0

2007 2008 2009 2010 2011 2012 2013 2014 2015 2016 2017 2018 2019

로(약 69조 원)에 이르렀던 매출은 모바일 사업을 매각한 후 2013년까지 급전직하하여 127억 유로(약 17조 원)로 내려앉았습니다.

최대 사업 부문인 모바일 디바이스 매각 결정이 노키아의 사업 포트폴리오에 어떤 영향을 미쳤는지는 [도표 5-9]을 통해 확인해볼 수 있습니다.

1992년 노키아는 올릴라 CEO와 함께 그룹의 사업 부문을 B2C로 완전히 전환하는 결정을 했고 성공적으로 그 전략을 완성했습니다. 그랬던 그들이 2013년 B2B로 한 번 더 방향을 틉니다. 이미 놓친 모바

노키아 사업부별 매출 변화

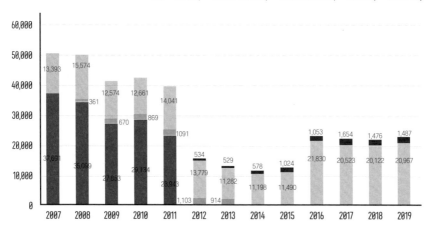

단위 : 백만 유로, ■ 디바이스&서비스, ■ 로케이션&커머스, ■ 네트워크, ■ 테크놀로지,

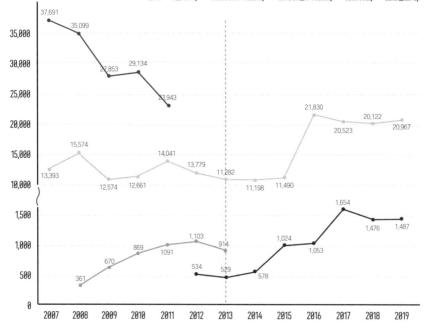

단위 : 백만 유로, ― 디바이스&서비스, ― 로케이션&커머스, ― 네트워크, ― 테크놀로지,

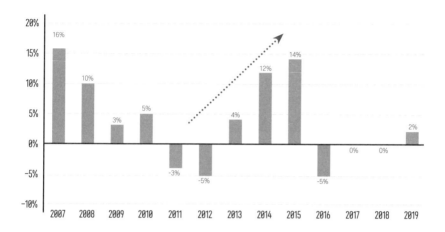

도표 5-10 > **노키아 영업이익&영업이익률**

단위:%, ■영업이익

일 사업을 버리고 통신네트워크 사업으로 축을 이동한 것입니다. 더불어 오랜 기간 축적해온 자신들의 최대 강점인 테크놀로지에서의 우위를 활용해 기술을 파는 기술 라이선스 사업을 또 하나의 축으로 세웁니다. 이렇게 두 개의 다른 축으로 사업의 방향을 전환한 후 그들이 거둔 실적은 [도표 5-10]과 같습니다.

이들의 끈질긴 생명력이 놀랍지 않나요? 자신의 안방을 송두리째 내어주었지만 과거의 성공에 연연해하지 않고 방을 옮겨 좁고 작은 방에서 다시금 이익을 만들어내고 있습니다. 2016~2018년 이익이 큰 폭으로 하락한 것은 주축 사업으로 선택한 통신네트워크 사업에서 성장을 하고자 2015년 알카텔Alcatel을 인수했기 때문입니다. 인수에 따른 비용이 몇 년간 영향을 미친 것일 뿐 노키아는 M&A로 단기간에 규모를 키우며 다시금 세계 시장에 도전장을 내밀고 있습니다.

1992년 그들이 전개했던 전략을 기억해보죠. 딱 세 가지로 요약됩니다.

그들은 지금도 이 전략을 고수하고 있습니다. 하지만 성공을 장담하기에 아직은 순탄해 보이지만은 않습니다.

노키아는 휴대전화 사업부를 매각한 자금 등으로 2015년 프랑스 통신장비 업체 알카텔루슨트를 인수·합병, 단숨에 글로벌 통신장비 업체 2위로 변신했다. (…) 업계의 한 관계자는 "합병 이후 노키아가 내부 정리를 하느라 본 사업에 집중 못 하면서 개발이 늦어지고 경쟁력도 떨어져 계약을 많이 못 따는 악순환이었다."고 전했다. 지난 2월 말 기준 노키아의 5G 계약 건수는 68건으로 화웨이(91건)

나 에릭슨(81건)에 못 미친다. 이런 수익성 악화 기조에 따라 최근 5년 간 영업이익 흐름도 적자·흑자를 반복하는 양상을 보였다.

업계에서는 노키아의 터닝 포인트를 올해로 보고 있다. 한 업계 관계자는 "최근 회사에서 25년간 근무한 '노키아맨' 수리 CEO를 외부인으로 교체하고 리프샤크 개발을 외부업체와 풀어나가겠다는 의지를 밝힌 만큼 빠르게 체질 개선을 할 수 있을 것"이라고 말했다.

- 〈조선비즈〉, 2020.3.7

노키아는 두 번째 위기를 맞이했고 이를 다시 극복하려 하고 있습니다. 다른 영역에서 또다시 세계 1위로 나설지는 좀 더 두고 보아야 합니다. 개인적으로 저는 노키아가 다시금 이전의 내공을 보여주길 바랍니다. 그들의 이름이 한 번 더 성공 사례가 되어 많은 이에게 거론되기를 기다립니다.

NOKIA'S EPILOGUE

노키아 이야기는 너무 오래된 터라 와 닿지 않는다는 분도 있을 겁니다. 제가 개인적으로 도움을 받는 12인의 독서평가단(제 지인들로 구성된) 중에서도 노키아를 빼라는 조언을 주신 분이 계십니다.

그런데도 노키아를 이 책에 포함시킨 이유는 앞서 말했듯이 턴어라운드의 본질을 보여주기 때문입니다. 시장 상황이 변하고 사업의 상태가 급전직하했음에도 노키아는 모든 것을 바꿈으로써 턴어라운드를 성공시켰습니다. 하지만 15년 후 그들은 다시금 같은 처지에 몰립니다. 이보다 더 턴어라운드를 잘 보여주는 예가 있을까요?

크게 성공했다고 해서 해피엔딩이 아닙니다. 언제 다시 나락으로 떨어질지 알 수 없는 것이 기업의 생애입니다. 노키아는 애플에 완패를 당한 후 모바일 사업을 접고 햇수로 5년을 보내고 있습니다. 하지만 아직 확실한 턴어라운드 성과는 나타나지 않고 있습니다. 자못 아쉬운 부분입니다.

혹시 세상은 변하고 있는데 그들은 아직도 첫 번째 턴어라운드의 성공에 갇혀있는 것은 아닌지 살짝 염려되기도 합니다. 그들이 과연 두 번째 턴어라운드도 성공할 수 있을지 관심을 두겠습니다. 독자 여러분도 노키아 기사를 꾸준히 지켜봐주십시오. 또 하나의 턴어라운드 사례를 얻을 수 있을 것입니다.

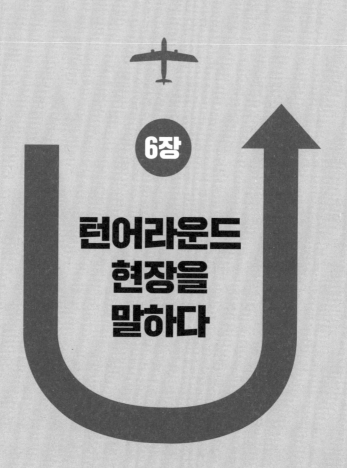

6장

턴어라운드 현장을 말하다

SUMMARY

ABOUT TURNAROUND MANAGEMENT

턴어라운드 현장에서 살아온 지 벌써 10년이라는 세월이 훌쩍 넘었습니다. 창고에서 매장에서 공장에서 숱한 날들을 보냈고, 출장으로 많은 나라를 오갔으며, 공장을 폐쇄하거나 다른 도시로 회사를 이전하고, 전체 직원을 대상으로 구조조정을 하는 등 고통스러운 결정들을 내려야만 했습니다. 그러면서 몸으로 가슴으로 깨달은 것들이 있습니다. 저의 깨달음과 이 책에 사례로 소개한 기업들의 턴어라운드 과정에는 제법 많은 공통점이 있습니다.

사실 이 책을 '턴어라운드 매니지먼트 입문서'로 기획하면서 좀 더 쉽고 친숙하게 접근할 수는 없을까 고민하다가 우리에게 널리 알려진 기업 중에서 턴어라운드 사례를 찾아 그 배경까지 소개하는 것으로 집필 방향을 정한 것입니다. 여기에 제가 턴어라운드 현장에서 경험한 이야기를 덧붙인다면 이 책에 소개한 기업들의 이야기가 더 생생한 느낌으로 다가오지 않을까요?

지금부터 턴어라운드 현장 속으로 들어가보도록 하겠습니다.

기업의 추락은 누구의 책임인가

경영 분야의 명저인《창업자 정신The Founder's Mentality》을 보면 '자유 낙하'라는 개념이 나옵니다. 성장하는 기업들이 겪는 위기 중 하나로 설명이 되는데 그 부분을 인용하면 다음과 같습니다.

"기업은 자신의 핵심시장에서 성장을 완전히 멈추며, 최근까지 성공의 원인으로 작용했던 사업 모델이 돌연 경쟁력을 상실한다. 쇠락의 속도가 너무 빨라서 속수무책이 되기 쉽다. 경영진은 통제력을 상실했다고 느끼며, 위기의 근원을 확인하는 데 어려움을 겪는다. 나아가 이 위기에서 어떤 레버를 당겨야 하는지도 모르게 된다."

처음 턴어라운드 매니지먼트라는 일을 시작했을 때 가장 궁금했던 것 중 하나가 바로 "왜 이 상황까지 온 거지?" 하는 질문이었습니다. 비즈니스가 추락하는 상황을 현장에서 겪어보면 그 두려움은 이루 말할 데가 없습니다.

처음에는 "이러다 말겠지, 좋아지겠지." 하는 기대를 합니다. 그렇지만 상황이 좋아지기는커녕 점점 더 하락하는 속도가 빨라집니다. 모든 사람이 대책을 논의하고 이런저런 방법을 동원해보지만 추락의 속도가 줄지 않습니다. 할 수 있는 모든 방법을 다 쓰면서 직원들을 독려하거나 압박하지요. 그런데 대부분의 시도가 그다지 신통치 못합니다. 몇몇 시도가 성공했다고 해도 기울고 있는 대세의 방향을 돌려세우기에 역부족입니다.

이쯤 되면 두려움이 점점 커지고 급기야 상황에 압도되어버립니다. 회사가 함께 일하는 일터가 아니라 전쟁터로 변합니다. 어둡고 답답한 이런 상황을 꽤 오래 계속해서 마주하게 되면 앞서 말한 그 질문이 머릿속을 떠나지 않습니다.

"어쩌다가 이 지경까지 온 거지?"

2014년에 TMS Turnaround Management Society라는 단체에서 턴어라운드 전문가를 대상으로 설문조사를 했습니다. 그때 질문 중 하나가 '기업의 추락이 누구의 책임이라고 생각하느냐'라는 것이었습니다.

- 1위. 경영진Top management : 88%
- 2위. 중간관리자Middle management : 30%
- 3위. 하급관리자Lower management : 8%
- 4위. 실무자Line management : 1%

그들은 경영진이 88%의 책임을 갖는다고 답했습니다. 저도 이에 전적으로 동의합니다. 기업의 추락은 대부분 경영진에게 책임이 있습니다. 경영진은 기업이 망하지 않도록 최상단의 위치에서 지켜야 할 의무가 있는 사람들입니다. 그러라고 인사권과 주요 결정권을 부여받았습니다.

'기업이 실패하는 주된 이유가 무엇인가?'라고 묻는 또 다른 질문에서도 연이어 높은 비율로 경영진의 실책을 지적하고 있습니다. 아래에서 보듯 1위부터 3위까지 모두 경영진의 실책을 주요 요인으로 언급합니다. 그리고 1~3위의 답변만이 유일하게 각각 50% 이상의 답변 비율을 기록할 정도로 전문가들은 이에 깊은 공감을 나타냈습니다.

- 1위. 경영진이 더 이상 유효하지 않은 전략을 고수하기 때문
- 2위. 경영진이 시장과 고객을 모르기 때문
- 3위. 경영진이 비전을 잃어버렸기 때문

우리는 이 답변으로부터 다음과 같은 중요한 메시지를 읽을 수 있습니다.

- 고객을 모르는 경영진이 문제를 일으킨다.
- 경영진이 비전을 잃어버리면 문제가 생긴다.
- 전략이 먹히지 않음에도 계속 고집하면 문제가 커진다.
- 기업이 망하는 절대적인 책임은 경영진에게 있다.

이 설문 결과를 처음 봤을 때 얼마나 당황스러웠는지 모릅니다. 저도 경영진이었습니다. 어느 한 기업은 제가 CFO로 근무하던 곳이었는데 턴어라운드 전략에 있어 CEO와 이견이 생겨 퇴사를 결정했었고 비록 제가 있을 때 상황이 악화된 것은 아니었지만 어쨌든 저도 일정 부분 책임이 있던 경영진이었음은 부인할 수 없었습니다.

"기업이 나빠진 것이 경영자의 책임이라면 회복도 경영자의 책임일 것이다. 이제부터 난 회복을 이끄는 경영자가 되어야겠다."라는 결심을 한 것도 이즈음입니다.

이 설문을 통해 저는 경영자라는 자리가 갖는 무섭도록 무거운 역할을 깨달았습니다. 그리고 이전보다 더 전심을 다해 턴어라운드 매니지먼트에 몰입했습니다.

장기적인 방향과 긴급성 사이

기업이 어려워지면 가장 많이 듣는 말이 아마도 이런 것이 아닐까 싶습니다.

"서둘러", "일단 해", "지금 이거저거 가릴 때야?", "도둑질 빼곤 다 해야 해.", "이거 못하면 우리 다 집에 가야 해." …

이런 말들은 끝이 없을 정도로 다양합니다. 2012년 이탈리아에 온 지 몇 달이 지나지 않아 경영 상태가 심각한 기업에 투입되었습니다. 그때 이런 말들을 정말 많이 들었습니다.

"매출이 왜 떨어지나?", "매출을 어떻게 올리나?", "비용을 왜 더 못 줄이나?", "저 사람이 필요한가?", "없이도 할 수 있는 방법을 찾으라."

매일, 매달 이런 말들 속에서 쳇바퀴를 도는 것이 일과였습니다. 매출이 조금이라도 오른 달이면 기뻤고 조금이라도 떨어진 달이면 우울했습니다. 그렇게 몇 달을 지내고 나니 그런 생각이 들더군요.

'우리는 정말 좋아지고 있나?'

자신 있게 좋아지고 있다고, 이 방향으로 가면 정말 좋아질 거라는 대답이 나오질 않았습니다. 나와 팀 모두가 정상 궤도에서 멀어지고 있다는 생각이 들었습니다. 그리고 차분히 분석했습니다. 그 결과는 지금 하는 방식으로 하면 매출을 올릴수록 더 어려워진다는 충격적인 것이었습니다. 공장에서 한 달여를 붙어 지내면서 한 공정 한 공정 뜯어보며 분석한 결과 우리는 모두 헛된 꿈을 꾸고 있다는 것을 알았습니다.

'왜 이렇게 됐을까?', '무엇이 빠진 걸까?' 고민하기 시작했습니다. 그리고 차분히 보고서를 작성했습니다. 사업의 근본을 다시 생각하고 전략을 180도 바꾸는 내용이었습니다. 하지만 안타깝게도 받아들여지지 않았습니다. 오히려 여유가 있어서 그런 한가한 생각을 한다며 더 강한 압박을 받기만 했습니다.

이런 일이 비단 저에게만 일어나는 일일까요? 병에 걸렸을 때 대부분의 사람은 병원에 가고 약을 먹습니다. 매일의 삶을 어떻게 근본적으로 바꾸어갈지는 심각하게 고민하지 않습니다. 체하면 소화제나 죽을 먹고 나으면 다시 예전처럼 부담이 많이 가는 음식을 먹습니다. 자극적인 음식을 빈번히 먹다 위염이 생기면 약을 먹고 조금 나아지면 이전의 식습관으로 돌아갑니다. 다이어트한다며 열심히 체중 감량을 해도 얼마 지나지 않아 다시 이전의 몸으로 돌아옵니다.

모두 단기 실적주의와 관련되어 있습니다. 지금의 어려움과 위기를 벗어나기만 하면 그것으로 괜찮다는 마음입니다. 기업도 똑같습니다. 떨어진 매출을 어떤 수단과 방법으로라도 올리기만 하면 된다고 생각합니다. 떨어진 이익을 다시 올리기 위해 인원을 정리하고, 남은 사람들에게 그 일까지 맡겨 이익을 이전처럼 만들면 그만이라고 생각합니다.

〽️ 멀리 보는 안목과 북극성

10년 후, 20년 후 우리 회사는 어떤 모습이었으면 좋겠는지, 어떤 결과를 만들고 싶은지 장기적인 방향과 목표를 구체적으로 그려보고, 그것을 위해 지금 무엇을 할지 진지하게 고민을 나누고, 공동으로 실행해가는 기업이 그리 많지 않습니다.

멀리 보는 안목은 그냥 생기지 않습니다. 자라가 잘 보여줍니다.

그들이 지금 먼 미래를 바라보며 긴 호흡으로 묵묵히 투자하며 남들과 비교하지 않고 가는 것은 그 패턴을 45년간 계속해왔기 때문입니다. 고속 성장을 하던 넷플릭스가 2011년 가을의 어느 날 돌연 주축사업인 DVD 대여 사업에 더 이상 주력하지 않겠다고 발표하고 스트리밍 서비스에 올인한 것은 즉흥적인 결정이 아닙니다. 2003년부터 내부적으로 미래를 내다보며 준비한 것입니다. '1~2년 투자하고 준비해서 스트리밍 업계에서 최강자가 되겠다'라는 긍정적인 예측을 하고 실행한 것이 아닙니다. 몇 년 동안 기업가치를 회복하지 못할 것을 각오하고 선택한 것입니다.

저 또한 턴어라운드 프로젝트에 참여하면서 장기적인 비전과 방향이 희미해지면 조직 전체가 단기실적에 매몰된다는 것을 경험한 바 있습니다. 장기적인 비전과 방향은 직원들이 만들고 실행할 수 있는 성질의 것이 아닙니다. 경영진이 해야 할 중요한 과업입니다.

하워드 슐츠가 스타벅스를 '최고의 커피와 문화를 파는 기업'으로 나침반을 맞추었듯이, 리드 헤이스팅스가 넷플릭스를 '세계 최고의 엔터테인먼트 서비스 기업'으로 방향을 잡았듯이, 오르테가 회장이 자라를 '세계 제일의 리테일링 기업'으로 만들고자 했듯이 리더는 기업의 모든 구성원이 함께 바라보고 꿈꿀 수 있는 북극성을 만들어야 합니다. 성경의 잠언에 이런 구절이 나옵니다. "Where there is no vision, the people perish." 직역하면 "비전(꿈)이 없으면 사람은 죽는다(사라진다)."는 말입니다.

2012년 당시의 저는 이것이 턴어라운드의 시작점이자 황금률이라는 사실을 알지 못했습니다. 그래서 긴급성에 매몰되고 말았습니다. 하지만 지금이라도 멀리 보는 안목이 촌각을 다투는 턴어라운드의 긴박한 현장에서 기억하고 따라야 할 황금률임을 깨달은 것이 얼마나 다행인지 모릅니다.

일시적 후퇴의 중요성

'초라한 곳에 눕고 쓸개를 씹는다'는 의미의 와신상담臥薪嘗膽은 지금의 상황이 마음에 들지는 않지만 인내한다는 의미입니다. 이 고사성어의 진짜 의미는 복수를 위해서 인내하는 것이지만 턴어라운드 과정에서는 미래의 성장을 위해서 그렇게 합니다.

인내한다는 것은 달리 말하면 후퇴를 받아들인다는 의미입니다. '후퇴를 받아들인다.' 이것이 또 하나의 중요한 턴어라운드의 원리임을 저는 현장에서 배웠습니다.

제가 일했던 한 기업은 주요 고객이 중장년층이었습니다. 경영진은 기업이 젊어지지 않으면 미래가 없다며 거액을 투자해 브랜드를 젊게 바꾸는 작업을 진행했습니다. 디자인을 새롭게 하고 매장 인테리어를 바꾸고 명품 브랜드 기업 출신의 마케터를 영입했습니다. 이 모든 작업을 하는 동안 한 번도 현재의 고객을 세심히 분석하지 않았습니다. 젊어져야 한다는 당위에 빠져 모든 것을 바꾸다 보니 비용 구조가 높아졌고, 어쩔 수 없이 제품 가격을 20% 이상 올렸습니다. 그렇게 해서 맞이한 새 시즌에서 지옥을 경험했습니다. 상품은 안 팔리고 충성 고객들은 등을 돌렸습니다. 그리고 급속히 턴어라운드가 필요한 상태에 내몰리고 말았습니다.

여러분이 이 기업의 문제를 해결하려고 들어간 책임자라면 어떻게 하겠습니까? 어떤 생각을 가지고 돌파해나가겠습니까?

〽️ 후퇴를 받아들인다는 의미

저는 들어가서 일단 비핵심 부서의 책임자들을 정리했습니다. 핵심 부서 중에서는 긴급하게 재조직할 필요가 있는 한 곳만 리더를 교체했습니다. 최소한의 조직 정비였죠. 그리고 한 달여 동안 회사에서 벌어진 일들과 지금 결과의 심각성, 장기적 방향과 취할 전략을 짜나가기 시작했습니다.

그런 다음 전체 직원을 모아 놓고 4회에 걸쳐 브랜드의 정체성, 장기적 방향과 전략에 대해 설명하고 대화를 나누었습니다. 현장에서의 변화를 꾀한 건 그 이후입니다. 5월 초에 투입되어 5월 말에 방향과 전략을 발표했고 6월부터 소수의 매장을 선정해서 실적을 반전시키는 프로젝트를 진행한 것입니다.

이를 확실히 하기 위해 수평적으로 협업하던 기능들을 한데 모아 팀으로 재편성했고 방향과 전략에 대해 반복 교육했습니다. 방향과 전략을 이해한 직원들은 기업의 정체성에 맞는 새로운 상품과 마케팅 방식을 시도하기 시작했습니다. 더불어 매장과 본사 간에 빠르고 열린 의사소통이 이루어졌습니다.

후퇴를 받아들여야 한다는 원리를 몰랐다면 저는 떨어진 매출을 제자리로 돌리기 위해 판매 실적부터 압박했을 것입니다. 하지만 다행히 제게는 실패의 경험이 있어 방향부터 점검할 수 있었고, 그 방향과 일치된 전략을 세울 수 있었으며, 구성원 간의 의사소통이 중요함을 인식하면서 작지만 강한 결과를 가져다줄 방법을 시도해볼 수 있었던 것입니다. 느린 것 같지만 사실은 이게 더 빠릅니다.

일시적 후퇴를 받아들인다는 것은 단기 실적에 조직 전체가 맹목적으로 매몰되지 않는다는 의미입니다. 단기 실적 하락에 따른 위기의식에 사로잡혀 방향을 보는 눈을 상실하지 않는다는 의미입니다. 방향에 맞게 선택하고 선택한 것에 집중하느라 지금 일시적으로 실적이 떨어진다고 해도 인내심을 가지고 받아들인다는 의미입니다.

결코 무책임해서, 회복에 대한 갈망이 작아서가 아닙니다. 특히 리더가 후퇴를 용납하지 않는 태도를 가질 때 조직 내의 모든 사람이 '단기 성과주의'라는 덫에 걸리기 쉽습니다.

사례에 나오는 기업들을 이 관점으로 살펴볼까요? 먼저 [도표 6-1] 스타벅스의 주가 흐름을 살펴봅시다.

스타벅스 주가 흐름

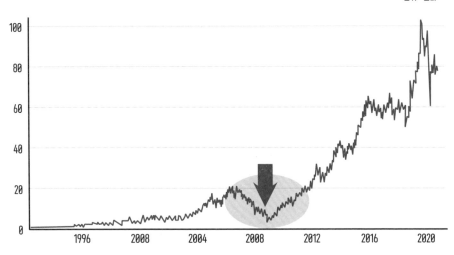

단위: 달러

화살표 영역은 하워드 슐츠가 CEO가 복귀한 때입니다. 그가 돌아와서도 주가는 한동안 오르지 않습니다. 오히려 더 떨어지죠. 이전 수준을 회복하기까지 약 3년 반이 걸렸습니다.

[도표 6-2]는 넷플릭스의 주가 흐름입니다. 화살표 영역은 DVD 대여 사업을 주력으로 하지 않겠다고 발표한 때입니다. 스트리밍 서비스로 완전 전환을 선언한 때죠. 그 후 이전의 주가 수준을 회복하기까지 약 2년 이상의 시간이 흐릅니다.

이 책에 소개된 기업은 아니지만 글로벌 명품 브랜드인 버버리 역시 같은 양상입니다. [도표 6-3]의 화살표 영역은 크리스토퍼 베일리

넷플릭스 주가 흐름

단위 : 달러

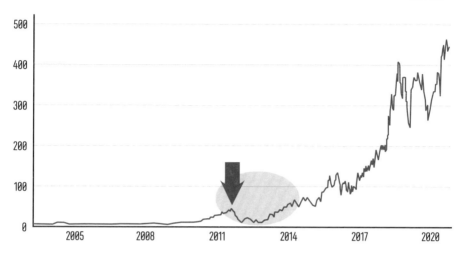

버버리 주가 흐름

단위 : 달러

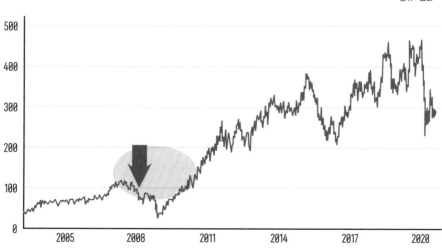

Christopher Bailey라는 디자인 책임자를 임명한 때인데, 2008년 그가 디자인 책임자가 되고 약 3년 후에야 비로소 이전의 주가 수준을 회복합니다. 이 시기에 버버리는 디지털화된 글로벌 럭셔리 브랜드로 환골탈태했습니다. 지금 우리가 아는 버버리는 이 시기에 만들어진 것입니다.

후퇴가 기분 좋은 사람은 없습니다. 하물며 그 사업을 책임지고 있는 사람은 얼마나 그렇겠습니까. 잠이 안 오죠. 저도 근 십 년째 불면증을 달고 있습니다. 그렇기에 그냥 빨리 벗어나고 싶은 유혹에 쉽게 빠지는 것입니다.

예전에 한 선배에게서 운동은 겨울에 충실히 해야 한다는 가르침을 받았습니다. 여름에는 근육이 금방 커지는 느낌이 든답니다. 반면 겨울에는 근육이 천천히 자란다고 하더군요. 운동하는 양에 비해 근육이 더디게 자라는 겨울에 충실히 운동을 해두어야 여름에 그 효과를 크게 볼 수 있다고 선배는 말해주었습니다.

후퇴의 시기는 이와 유사합니다. 이 시기를 어떻게 지내는가가 후에 나타나는 커다란 반전의 밑거름이 됩니다.

누구나 하지만 제대로 못하는 '집중'

넷플릭스의 리드 헤이스팅스는 왜 DVD 대여 사업을 좀 더 부드럽게 정리하지 않았을까요? 왜 그 숱한 욕을 들어가며 60%나 서비스 가격을 인상했을까요?

그는 매우 전략적이고 스마트한 사람입니다. 그가 그렇게 할 수밖에 없는 상황이 있었습니다. 결론부터 말씀드리면 그는 돈이 필요했습니다. 세계 시장을 대상으로 스트리밍 서비스를 하려면 막대한 자금이 필요합니다. 그래서 그는 이런 급진적인 방법을 선택한 것입니다.

그가 생각했던 비즈니스 자금은 넷플릭스 자체적으로는 도저히 감당할 수 없는 수준이었습니다. 넷플릭스가 스트리밍 기술과 콘텐츠에 투자했던 규모를 보면 입이 떡 벌어질 정도입니다. 그가 기업의 존

망을 걸고 스트리밍 서비스에 올인하는 모습은 수치만 보아도 여실히 느껴집니다.

얼마 전 제 친구에게 넷플릭스 사례를 들려준 적이 있습니다. 그 친구는 창업도 해봤고 돈도 많이 번 경험을 가지고 있습니다. 그가 사례를 듣고 했던 반응은 이랬습니다.

"위태로운 선택을 했네. 잘되면 좋지만 그러다 한 번에 훅 가는 경우도 많지."

대부분 이런 반응을 보일 것입니다. 하지만 리드는 매우 도발적인 선택을 했습니다. 사업의 축을 바꾸되 새로운 축에 모든 것을 건 것이죠. 당시 DVD 대여 사업은 수익성이 좋았습니다. 하지만 리드는 오직 신사업인 스트리밍 서비스가 강력하게 자리 잡도록 서포트하는 역할로 존재 이유를 규정해버렸습니다. [도표 6-4]를 통해 넷플릭스가 얼마나 많은 자금을 차입으로 조달했는지 보시죠.

스트리밍 서비스를 론칭했던 2007년의 부채비율은 47%였습니다. 재무적으로 상당히 안정적이었고 수익성도 양호했습니다. 하지만 스트리밍 서비스를 시작하고 나서 불과 2년이 지났을 뿐인데 부채비율이 241%로 치솟아 5.1배가 되었습니다. 리드가 서비스 가격을 60% 인상하겠다는 발표를 한 2011년에는 부채 비율이 377%까지 상승해 넷플릭스는 더 이상 안정적인 기업이 아닌 고위험군으로 들어가 버렸습니다. 회사의 안정성 지표나 수익성 지표에 대해 잘 모르는 사람이

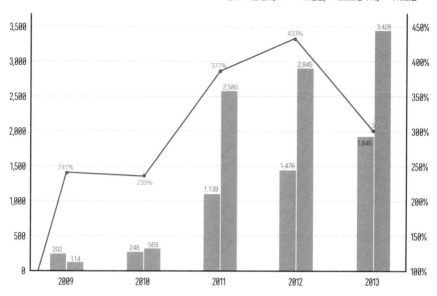

넷플릭스 차입금 & 스트리밍 투자&부채비율

단위 : 백만 달러, %　■ 차입금, ■ 스트리밍 투자, ─ 부채비율

그냥 봐도 위험한 모습이죠? 제 친구가 '위태롭게 운영했다'는 지적
은 매우 타당합니다. 스트리밍 투자에 쏟아부은 투자금을 보면 더 기
가 막힙니다. 이 투자금은 스트리밍 기술 개발과 콘텐츠 확보에 사용
되었습니다. 한마디로 열심히 빌리고 기존 사업에서 번 돈에 현금 여
유분까지 탁탁 털어 스트리밍 서비스에 집중적으로 투자한 흐름이 그
대로 보입니다.

　　그들이 2011~2013년 3년 동안 스트리밍에 투자한 돈이 총 얼마
인지 더해볼까요? 자그마치 88억 5,300만 달러, 원화로 환산하면 약

11조 원에 육박하는 어마어마한 규모입니다. 같은 기간 벌어들인 총매출액의 약 80%에 해당하는 돈을 신규 사업에 투자했습니다. 이런 투자 규모 본 적 있나요? 저는 없습니다.

세월이 흘러 넷플릭스는 성공했고 이제는 세계 제일의 스트리밍 기업이 되었기에 그들이 했던 이 결정과 선택이 박수받고 칭찬을 받지만 당시로 돌아가 본다면 우리는 어떤 평가를 했을까요? 제 친구처럼 이들의 전략을 무모하고 위험한 것으로 여겼을 것입니다.

📈 선택과 집중을 선택한 넷플릭스의 탁월함

우리 모두가 너무나 잘 아는, 한때 세계를 제패했던 사진 산업의 레전드 기업인 코닥KODAK은 넷플릭스와 정확히 반대의 길을 걸었습니다. 코닥은 1976년 미국 필름 시장의 90%, 필름 카메라 시장의 85%를 차지했던 사실상 독점적 지위를 오랫동안 누리던 초우량기업이었습니다. 하지만 넷플릭스가 스트리밍이라는 미래 기술에 모든 것을 걸고 위험을 받아들였던 2012년, 코닥은 미국 법원에 파산신청을 합니다.

코닥이 몰락한 원인은 여러 가지가 있을 수 있지만 가장 직접적인 원인은 디지털카메라 때문이었습니다. 그런데 아이러니하게도 디지털카메라를 세계 최초로 개발한 기업이 바로 코닥입니다. 그들은 신기술을 만들고도 그 시장에 도전하지 않았던 거죠. 이유는 단순합니다. 디지털카메라 사업을 키우면 당시 독점적으로 누렸던 필름 시장에 부정적인 영향을 끼칠 것이라 두려워했던 것입니다. 새롭게 떠오르는 기술로 미래에 도전하는 대신 현실에 안주한 결과, 디지털카메라를 주력으로 하는 일본 기업들이 공격해옵니다. 코닥은 이에 무력하게 무너지고 말았습니다.

이와 비슷한 경우가 이 책에서 사례로 소개한 노키아에서도 볼 수 있습니다. 그들은 모토로라를 누르고 세계 휴대폰 시장에서 1등이 되어 사상 유례없는 세계 시장 점유율 43%라는 경이적인 기록을 세웠습니다. 하지만 애플이 아이폰이라는 스마트폰을 세상에 내놓은 지 불과 6년 만에 사업을 포기하고 맙니다. 재밌게도 스마트폰을 가장 먼저 만든 기업도 노키아였습니다. 코닥처럼 노키아도 자신이 만든 기술과 신사업 분야에서 지나치게 수비적인 태도를 견지하다가 새로운 도전자에 의해 물러난 것이죠.

이처럼 한때 가장 도전적이고 열정적이었던 기업이라도 현실에 안주하면 그 옛날 자신처럼 열정으로 가득 찬 새로운 도전자에게 무릎 꿇는 역사가 반복됩니다. 그렇기에 넷플릭스가 위대한 것입니다. 그들은 장기적인 안목으로 스트리밍 서비스를 선택했고 그것에 집중하기 위해 자신의 주력 사업을 포함해 모든 것을 걸었습니다. 평범한 사람들은 그것을 도박이라고 하겠지만 리드 헤이스팅스와 그의 팀은 그것을 선택과 집중의 전략이었다고 말합니다.

여기서 한 가지 짚어볼 중요한 사실이 있습니다. 코닥도 디지털카메라 사업에 발을 들여놓고 있었습니다. 노키아도 스마트폰 사업에 발을 들여놓고 있었습니다. 그들이 그 사업을 안 한 것이 아닙니다. 문제는 발만 들여놓고 있었다는 거죠. 그들의 경쟁자는 기업의 운명을 걸고 새로운 분야에 집중했지만 그들은 사업 포트폴리오에 이름만 올려두고 제대로 키우지 않은 것입니다. 집중은 곧 투자를 의미합니다. 리드 헤이스팅스가 온갖 쇼를 다 하면서 가진 자원을 쏟아붓지 않았다면 장담컨대 넷플릭스는 스트리밍 서비스 넘버원이 되지 못했을 것입니다. 오히려 주변에 도사리고 있던 강력한 경쟁자들에게 밀렸을 것입니다. 이름만 들어도 무시무시한 디즈니, 아마존 등에 기회를 선점당했을 수도 있습니다.

다행히도 리드는 2011년 이후 엄청난 집중력으로 넷플릭스가 동원할 수 있는 모든 자원을 스트리밍 서비스 분야에 투자합니다. 그리고 기어이 넷플릭스를 스트리밍 서비스 넘버원으로 만듭니다. 이것이 바로 집중이고 이런 집중이 턴어라운드 시기에 더욱 빛을 발합니다. 대부분의 턴어라운드가 실패하는 이유는 바로 이 원칙을 따르지 않기 때문입니다.

턴어라운드 과정은 크게 '원인 파악 단계 → 안정화 단계 → 재성장 단계'를 거친다는 사실을 상기하기 바랍니다. 안정화 단계에서 기업이 가야 할 방향에 맞지 않는 사업이나 활동 등을 정리해 현금화하지 않는다면 집중의 효과가 희석됩니다. 방향을 정하지 않고 하던 일을 타성적으로 계속하거나 방향을 정하고도 집중을 하지 못 하면 턴어라운드 성공률이 떨어질 수밖에 없습니다. 그것을 이 책의 사례에서나 제 경험적으로도 분명히 말할 수 있습니다.

현금관리의 중요성

1987년 9월 〈하버드 비즈니스 리뷰〉에 실린 존 휘트니John O. Whitney
의 "매일 턴어라운드 관리Turnaround Management Every Day"라는 기사에서 그
는 다음과 같이 현금 관리Cash Management의 중요성을 역설합니다.

"현금보다 중요한 것은 없습니다. 전통적인 매니저들이 깨닫지 못
하는 것 중 하나는 현금의 역할입니다. 사실상 성공적인 턴어라운
드에서 현금보다 중요한 것은 없다고 해도 과언이 아닙니다. 턴어
라운드 상황에 부닥치는 기업들이 겪는 급박한 비즈니스상의 변
화는 현금 상황을 급속히 악화시켜 도산으로 몰고 가는 경우가 비
일비재합니다."

〈포브스〉지가 "미국에서 출간됐던 경제경영서 중 최고"라고 극찬했던 《현금의 재발견The Outsiders》에서 저자인 윌리엄 손다이크는 시장에서 상대적으로 저평가를 받지만 실적 면에서 가장 탁월했던 여덟 명의 경영자를 소개하며 그들의 경영방식은 모두 현금흐름에 집중했음을 강조합니다. 그중 한 명인 헨리 싱글턴이 1979년 〈포브스〉지와 진행했던 인터뷰 내용을 소개합니다.

> "우리는 사업체를 몇 곳 인수한 뒤 어떻게 경영할지 곰곰이 생각했
> 어요. 결론적으로 핵심은 현금흐름이지요. 현금 창출과 자산관리
> 를 둘러싼 우리의 사고방식은 내부에서 고민한 끝에 나온 결과였
> 죠. 하지만 그건 누구나 따라 할 수 있는 게 아니랍니다."

📈 경영의 나침반, 현금흐름

과거에는 현금을 중시하는 경영자를 보수적이고 안정 지향적인 인물로 생각했습니다. 그래서 윌리엄 손다이크가 소개한 여덟 명의 경영자들은 모두 언론과 대중의 이목을 사로잡던 주류가 아닌 아웃사이더에 속한 인물이었지요.

하지만 이제 그 고정관념을 바꾸어야 하는 시대가 왔습니다. 현금은 가장 중요한 자원이자 경영자의 나침반입니다. 턴어라운드 시기에는 더욱 절실한 나침반 역할을 합니다.

위기의 시기에 더욱 현금 중심적으로 판단해야 하는 이유는 두 가지입니다.

첫째, 기업의 안정성을 위해서입니다. 현금이 바탕이 되지 않는 안정성은 없습니다.
둘째, 장기 방향에 맞추어 선택한 전략에 집중적으로 투자를 하기 위함입니다.

노키아의 1차 턴어라운드 과정을 다시 봅시다. 노키아는 모바일 사업 이외의 모든 것을 매각해서 자금을 확보했습니다. 이는 본격적으로 투자할 사업을 위한 준비 작업이었습니다. 넷플릭스는 주력 사업이던 DVD 통합 패키지 가격을 60%이나 인상했습니다. 더불어 부채 비율이 급격히 올라가는 것을 감수하면서까지 자금을 모아들입니다. 이 모든 것이 스트리밍 사업에 투자하기 위한 단호하고도 불가피한 조치였습니다.

🗲 파나소닉의 턴어라운드

파나소닉의 사례를 보아도 비슷한 패턴이 나타납니다. 2008년 약 3,800억 엔의 적자를 낸 파나소닉은 2011~2012년에는 연달아 7,000억 엔 이상의 적자를 기록합니다. 2008년 당시의 대규모 적자는 리먼 사태, 엔고, 일본 대지진 등 주로 외부 충격에 기인했기에 외부 환경이 개선되면 다시 회복하리란 기대를 가질 수 있었지만, 2011~2012년의 실적 악화는 PDP 투자 실패, 무리한 인수추진(산요) 등 스스로 자초한 위기였습니다. 그 결과 파나소닉의 신용평가는 투기등급으로 강등되었고 주가는 폭락합니다.

턴어라운드가 시작되고 2012년에 쯔가가 파나소닉 신임 대표로 발탁됩니다. 그는 초기 상황을 분석한 후 "출혈이 멎지 않는다. 시급히 보통 회사로 돌아가야 한다."라고 이사회에 보고했습니다.

파나소닉은 새로운 중장기 비전을 마련하며 B2B로의 전환을 결정했습니다. 기존의 B2C 전자 사업에서 자동차 및 산업용 솔루션(자동차 인포테인먼트, 차량 전장, 중대형 2차 전지, 장치 솔루션), 에너지 솔루션(주택 관련 설비-조명, 전기설비, 태양광 발전, 공조시스템), 기업용 오디오·비디오 사업(영상 네트워크, 비주얼 시스템, 항공, 보안시스템) 등으로 사업을 재편한 것입니다. PDP 기술 종주국이었던 파나소닉이 PDP 기술의 실패를 인정하고 메인이던 TV 사업을 대대적으로 구조조정했습니다. PDP 패널 공장을 대부분 감손Asset Impairment 처리하고 중국 TV 공장 생산 중단, 멕시코 TV 공장 매각, 북미 산요 TV 사업의 매각 등 해외 생산거점도 대폭 축소했습니다. 그리고 파나소닉의 핵심 사업부였던 TV 사업부를 가전 사업본부Appliance Company 산하로 배치하고 디지털 전자 사업의 핵심 사업본부였던 AVC 네트워크 컴퍼니의 역할을 B2B 관련 오디오·비디오·네트워크 사업으로 전환했습니다.

또 하나의 성공적인 턴어라운드 사례 중 하나인 파나소닉도 이처럼 비핵심 사업과 자산에 대한 대대적인 매각을 통해 자금을 모았던 것입니다. 물론 이 돈은 B2B 사업으로의 방향 전환을 위한 투자자금으로 활용되었습니다.

현금 중심 경영은 턴어라운드에 있어서 가장 파워풀한 전략 중 하나입니다. 현금이라는 가장 강력한 자원을 중심에 두고 의사결정의 판단 근거로를 삼는 것입니다. 현금은 눈에 보입니다. 즉 눈속임을 못 합니다. 그래서 현금을 판단의 근거로 삼는 의사결정을 한다면 실수를 줄일 수 있습니다.

지금까지의 내용을 요약하면 다음과 같습니다.

- 장기적인 방향과 시각으로 나아갈 방향을 정하지 못하면 실패한다.
- 장기적인 시각으로 재성장을 위해 무언가를 선택했어도 그 방향으로 전환하는 데 따르는 단기적인 실적 저하(후퇴)를 수용하지 않으면 실패한다.
- 선택한 것에 대해 집중적인 투자를 미루면 실패한다.
- 현금은 재성장을 위해 가장 중요한 자원이다. 단호하게 모으고 방향에 맞게 집중해서 쓰지 못하면 실패한다.

제가 참여했던 턴어라운드 프로젝트에서의 경험을 바탕으로 한마디 하자면, 많은 경우 기업의 최고경영자가 이런 점들을 이해하지 못한

채 무작정 턴어라운드에 뛰어듭니다. 하지만 절대 쉽게 생각하고 시작할 과업이 아닙니다. 다시 한번 말하지만 턴어라운드는 전문적인 영역으로 전문가들도 성공 확률이 높지 않습니다. 잘 준비된 팀과 전략을 가지고도 적지 않은 시간이 소요되는 장기적인 프로젝트입니다. 이점을 꼭 염두에 두고 진행하면 좋겠습니다.

장기적인 시각을 가지고
단기 결과에 일희일비하지 않으면서
방향에 맞게 선택과 집중을 해서
현금이라는 자원을 사용한다

이 네 가지는 개인의 삶에서도 훌륭한 지침이 될 수 있습니다. 저도 이 원칙을 가슴에 품고 살아갑니다. 각각의 원칙에 대해 깊이 들어가면 할 말이 많지만 때때로 이 네 가지 원칙을 떠올려 보는 것만으로도 일과 생활에 도움이 될 것입니다.

가장 탁월한 턴어라운드를 이루는 법

지금까지 턴어라운드 과정에서 기억해야 할 원칙을 네 가지로 정리했습니다.

그렇다면 지구상에 존재하는 가장 탁월한 턴어라운드란 과연 무

엇일까요?

그것은 역설적이게도 턴어라운드가 필요 없는 것입니다. 건강한 삶이란 아프지 않고 사는 것과 다르지 않습니다. 하지만 현실적으로 병에 걸리지 않고 사는 사람은 하나도 없습니다. 기업도 마찬가지죠. 실적 둔화, 실적 하락, 생산 효율 감소, 재무적 어려움, 유동성 위기, 인적자원의 이탈 등등 이러한 어려움을 겪지 않는 기업은 단 하나도 없습니다.

그렇다면 "가장 탁월한 턴어라운드란 무엇일까요?" 이에 대한 현실적인 대답은 아마도 비즈니스 추락 확률을 최소로 줄이는 것일 겁니다. 아플 확률을 줄이는 것이 가장 건강한 삶이라는 것과 마찬가지지요. 턴어라운드 상황에 빠지지 않도록 아플 확률을 줄인다는 것은 어떤 의미일까요? 건강에 비유한다면 예방의학에 해당하는 이야기를 마지막으로 들려드리고자 합니다.

영국은 지하 철도를 세계에서 가장 먼저 만든 국가입니다. 수도 런던에서는 이미 1863년에 지하에서 증기기관차가 달리는 방식으로 철도를 운영했다고 합니다. 제가 영국 런던에서 지냈을 때 기차를 자주 이용했습니다. 런던은 도시 안을 연결하는 메트로Metro(지하철)가 있고 도시 외곽이나 지방을 연결하는 철도가 있습니다.

메트로를 타면 대부분 지역을 어려움 없이 갈 수가 있습니다. 그런데 지하철이나 기차를 타보면 꽤 자주 듣게 되는 방송이 있습니다. 영국 경찰청과 철도청이 공동제작한 승객을 위한 안전 캠페인 〈See it.

〈See it. Say it, Sorted〉 캠페인 포스터

Say it, Sorted〉가 바로 그것입니다.

이 캠페인은 2016년 11월 1일 영국 내 전체 철도 라인을 대상으로 시행되었습니다. 테러 위협이 큰 유럽 국가들은 비슷한 고민을 하고 있습니다. 영국도 예외는 아니어서 테러 문제에 보다 적극적으로 실효성 있게 대처하기 위해 경찰과 철도청이 나서서 시민들의 도움을 구하는 캠페인을 전개하기 시작한 것입니다. 비록 시작은 폭발물 테러에 대한 공포에서 비롯되었지만 철도시설에서 일어나는 모든 범죄에 대해 예방 및 대처 효과가 있는 것으로 입증되고 있습니다.

경찰청이 발표한 자료에 따르면 캠페인 개시 후 3년 동안 총 5만 건의 신고가 접수되었으며, 그중 8,000건에 대해 조치를 했고, 4,100건의 범죄를 해결했다고 합니다. 3년간 철도시설에서 벌어지는 크고 작은 4,100건의 범죄를 해결했다는 것은 결코 작은 결과가 아닙니다. 이 모든 것이 시민들의 적극적인 참여가 있었기에 가능한 일이었습니다.

기업의 추락을 예방하는 방안을 말하다 말고 갑자기 영국 철도의 안전 안내방송을 이리 길게 설명하는 이유는 그들이 진행하는 캠페인의 구호가 제가 설명하려는 의도와 맞닿아 있기 때문입니다. "See it, Say it, Sorted"를 의역하면 "(무엇이든 수상한 것을) 본다면, 신고해주십시오, 이를 통해 문제를 해결해주세요."라고 할 수 있습니다. 이 세 단어에 성공적인 턴어라운드를 이루는 비밀이 들어있습니다. 이 말을 하고자 약간은 장황한 설명을 곁들였습니다.

📈 See it, Say it, Sorted 캠페인

영국 내에서 발생한 테러리스트들의 공격은 이 캠페인이 개시되기 전 4년 동안(2013~2016년)에는 연평균 115건이었습니다. 하지만 캠페인이 시작된 후 3년 동안(2017~2019년) 기록한 테러는 연평균은 82건으로 이전 대비 29%가 줄었습니다. 캠페인에 적응하는 기간인 2017년을 제외하고 보면, 평균 62건으로 이전과 비교해 46%가 줄어든 결과입니다. 거의 절반으로 줄어든 것이죠.

2019년 3월, 영국 전체 경찰 공무원의 수는 12만 3,171명이었고 그중 교통 분야에 근무하는 경찰은 약 3,000명이었습니다. 이 인원으로 매년 100건 이상 발생하는 테러를 방어해야 하는 상황에서 〈See it, Say it, Sorted〉 캠페인은 기획되었습니다. 이 캠페인의 가장 큰 특징이자 핵심 아이디어는 3,000명에 불과한 교통경찰 인력을 전 국민에 해당하는 6,600만 명으로 증원하는 것입니다. 한정된 경찰관 수로는 사건에 대한 대응을 하기에도 벅찹니다. 사건의 예방은 엄두조차 낼 수 없습니다. 이 상황을 극적으로 반전시킨 아이디어가 바로 〈See it, Say it, Sorted〉 캠페인이었고 그 핵심 아이디어가 바로 '전 국민의 경찰화'입니다.

기차를 이용하는 수많은 시민이 매일 20~30분 간격으로 듣는 "See it, Say it, Sorted"는 '이 말을 듣고 있는 당신이 바로 경찰입니다. 수상한 가방을 버리고 가는 사람을 보거든 신고해주세요.'라는 의미를 담고 있습니다. 구성원의 자발적인 참여가 얼마나 중요한지 말해주는 또 하나의 사례입니다.

[도표 6-5]는 〈See it, Say it, Sorted〉 캠페인 개념도를 통해 이것이 왜 턴어라운드뿐만 아니라 턴어라운드 예방에도 도움이 되는지 살펴본 것입니다.

경영자가 최상단에서 기업을 관찰하고 파악하는 것은 한계가 있습니다. 가장 말단에 있는 직원들을 비롯하여 전체 조직원이 경영자가 된다면 얼마나 많은 문제가 어렵지 않게 풀릴 수 있을까요? 가장 말단에서 이루어지는 의사결정이 경영자의 시각에서 이루어지는 상황을 그려보면 가슴이 뛰지 않을 수 없습니다. 이것은 마치 자라가 혁신을 정의할 때 전체 직원의 참여를 전제로 하는 것과 같습니다. 또한 넷플릭스가 모든 직원에게 정보와 결정권을 공유하는 것과 같습니다.

자라나 넷플릭의 방식이 영국 경찰청에서 시도한 〈See it, Say it, Sorted〉 캠페인과 다른 점이 있을까요? 그들이 전 국민을 경찰로 만들

See it, Say it, Sorted 개념도

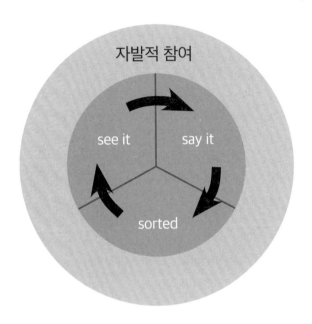

었듯 기업은 전 직원을 경영자로 만들면 됩니다.

- 전 직원이 경영자가 되어 기업 내외부에서 일어나는 일들에 대해 관찰하고 분석하고 해석합니다(See it).
- 보고 들은 내용과 분석한 내용, 그리고 해석한 내용을 관련된 사람들에게 공유합니다(Say it).
- 관련된 사람들과 더불어 그 내용에 대해 가장 현명한 조치를 취해 문제를 해결하거나 예방합니다(Sorted).

이것이 가능하려면 경영자는 전 직원이 경영자가 되도록 그들의 능력을 향상하게 하고 내부 문화와 시스템을 만들어가고 실행력을 높여가면 됩니다.

⚙️ 예방의 효과를 가져오는 소통과 참여

너무 단순한 내용이라 김이 빠질 수도 있습니다. 하지만 영국 경찰청이 저 단순한 표어를 안내방송에 담아 테러 공격을 절반으로 낮추고 일반 범죄에 대한 해결 건수를 극적으로 높였듯이 단순한 조치는 강력한 힘을 발휘하기도 합니다. 다만, 모든 직원을 자발적으로 참여시킨다는 전제조건 하에서 말입니다.

사실 직원들은 경영자가 생각하는 것보다 똑똑한 경우가 많습니다. 그들을 적극적으로 참여시키기 위해 인재를 개발하고 소통하고 실행토록 한다면 단순한 변화만으로도 많은 문제가 예방될 것입니다.

어떻게 확신하느냐고요? 제가 실제로 이 방법들을 사용하여 턴어라운드 매니지먼트를 하고 있기 때문입니다.

턴어라운드 기법을 평소에 활용하면 예방의학처럼 기업의 많은 문제를 사전에 바로잡을 수 있습니다. 아픈 사람은 긴급하게 치료하여 위기를 넘기게 하고 그 후 건강한 라이프 스타일을 만들어가도록 도움을 주어야 합니다. 마찬가지로 위기에 빠진 기업은 응급조치하여 일단 생존시키고 다시금 건강한 재무 상태로 돌아가도록 기업의 방향(습관)을 바꾸어야 합니다. 아픈 기업을 낫게 만드는 기법들은 건강한 기업에도 예방의 효과가 있습니다. 그리고 이것이 바로 턴어라운드 매니지먼트의 매력입니다.

턴어라운드 매니지먼트와 관련한 자료나 책들이 많이 나와 있지 않은 것이 현실이고 그나마 출간된 책들을 보면 대부분 경영자나 경영진의 영웅적인 활약상에 초점이 맞춘 경우가 많습니다. 기업 경영에 어려움이 닥치는 것은 당연합니다. 그 어려움을 해결하기 위해 경영자를 비롯한 주요 핵심 리더들이 고군분투하는 것입니다. 턴어라운드 과정에서 경영진이 애쓰고 노력한 것에만 중점을 둔다면 턴어라운드의 진정한 묘미가 희석될 가능성이 큽니다. 다시 말해 진짜 턴어라운드가 이루어지려면 '소통'과 '참여'가 강조되어야 합니다.

⚡ 전 직원의 경영자화가 갖는 의미

실제로 기업에서 '모든 직원의 경영자화'라는 개념을 가질 때 변화하는 것은 매우 큽니다. 그리고 그것은 기업이 건강하게 존속하는 데 있어서 크게 기여를 합니다. 하지만 전 직원을 경영자화한다는 의미는 자칫 엉뚱하게 곡해될 수 있습니다. 때문에 그 의미를 부연 설명할 필요가 있습니다.

o 최대한의 결정권을 보장한다

첫째, 전 직원을 경영자화한다는 의미는 각자 자신의 영역에서 최대한의 결정권을 갖도록 해준다는 의미입니다. 물론 직원의 성장 단계나 수준, 담당업무 등을 고려하여 적절한 조정은 필요합니다. 하지만 근본정신은 직원들에게 할 수 있는 가장 최대한의 결정권을 준다는 것입니다.

o 자신의 결정에 책임을 진다

둘째, 전 직원을 경영자화한다는 의미는 각자가 자신의 결정에 책임을 진다는 의미입니다. 우리는 현실에서 결정하는 사람과 실행하는 사람과 책임지는 사람이 각기 다른 상황을 많이 봐왔습니다. 직원들의 주인의식은 절대 구호로 이루어지지 않습니다. 기업이념으로 만들어지는 것도 아닙니다. 주식을 나누어준다면 법적·실질적 주인은 될 수 있지만 주인의식을 높이는 데 효과가 크다고는 볼 수 없습니다. 그렇다고 상사의 압박이나 명령으로 만들어지는 것도 아닙니다. 주인의식은 진짜 책임을 질 때 비로소 생깁니다. 진짜 책임이란 내가 생각하고 내가 계획하고 내 일상 속에서 수많은 고민의 시간을 보내는 숙성의 단계를 거친 후 스스로 위험을 안고 결정하는 연습을 해야 구체화하고 강화됩니다.

전 직원이 경영자처럼 행동한다면 수백, 수천, 수만 개의 눈으로 고객과 시장을 예의주시하며 적시에 최적의 결정을 내리기를 반복할 수 있습니다. 영국 시민 모두가 경찰의 눈과 귀가 되어 테러를 예방하고 있듯이 모든 직원이 경영자가 되어 일한다면 기업의 위기를 예방할 수 있습니다.

물론 때로는 문제가 생길 수 있습니다. 이 자체로 완벽한 방안은 아닐 테니까요. 하지만 직원들이 자발적으로 눈과 귀가 되고 손과 발이 되어 생각하고 결정하고 행동하는 이 방법은 분명 그 어떤 방법보다 효과를 발휘할 것입니다.

 **에필로그**

　　어느덧 마지막 글을 쓰고 있는 저를 봅니다. 한참을 달려온 것 같
은데 돌아보니 너무 짧다는 생각이 듭니다. 다시 한번 시간을 내어 이
야기를 읽어주신 여러분께 감사를 드리고 싶습니다.

　　턴어라운드 매니지먼트라는 다소 생소한 주제에 관해 글을 써야
겠다고 결심했을 때 이런 무거운 내용을 누가 볼까 두려운 마음도 있
었습니다. 그런데도 누군가에게는 필요할 것이라 기대했습니다. 그 누
군가가 절실한 상황에 부닥친 분일 수도 있을 것입니다. 그분에게 이
책이 조금이나마 도움이 될 수 있다면 좋겠습니다. 그리고 응원의 메
시지를 보냅니다.

　　마무리 글을 무슨 내용으로 할까 많이 고민했는데 "이거야~" 하
고 무릎을 칠 만한 이야깃거리가 생각나지 않아서 머리를 쥐어뜯었습
니다. 그냥 제 이야기 하나를 들려드리며 마치려 합니다.

이탈리아 파르마 시내에 위치한 뮤지엄

　우연한 기회에 2012년 초 이탈리아로 가게 됐습니다. 제가 자리를 잡은 도시는 밀라노에서 남쪽으로 차로 한 시간 반 정도 떨어진 파르마Parma라는 도시입니다. 한국에서는 파르마산 치즈로 유명한 곳입니다. 파르마 시내 중심에 뮤지엄이 있습니다. 제가 자주 들렀던 곳입니다. 이 뮤지엄에 가면 로마 시대와 그 이전의 조각상들이 잘 보존되어 있고 중세 그림도 많습니다. 다빈치의 여인 초상화도 볼 수 있습니다.

　잘 보면 한쪽 벽이 무너진 듯 보이고 붙어있어야 할 벽이 떨어져 있습니다. 뮤지엄 직원이 설명한 바에 따르면 원래는 사각형 모양으로 건물이 안뜰을 끼고 붙어있어야 하지만 2차 세계대전 당시 폭격을 당해 건물 한쪽이 무너진 것이라고 합니다. 그들은 이 무너진 건물을 다시 세우지 않고 그대로 보존하고 있습니다.

　이 벽을 보면서 그들은 전쟁을 기억합니다. 힘들었던 때를 잊지 않으려고 합니다. 그때를 경험한 세대가 하나둘 사라지고, 다음 세대는 말과 글로만 전해 들을 수 있을 뿐입니다. 그렇기에 이 무너진 벽은 더욱 그 의미가 깊습니다. 후대에 전쟁이 무엇인지 가장 선명하게 상징적으로 보여줄 수 있으니까요.

　위기와 고통의 시간을 기억해야 합니다. 기억 속에서만 기억하지 말고 기록으로 기억해야 합니다.

　이번 책을 기획하고 자료를 조사하면서 제게 가장 큰 도움이 된 것은 해당 기업들이 매년 발간한 애뉴얼 리포트였습니다. 각 기업 홈페이지에 들어가 보면 한 코너에 이 보고서들이 모여 있습니다. 약 15~20년 치 정도의 보고서를 차곡차곡 모아두고 있어 정말 유용하게 활용했습니다. 물론 국내 기업들도 매년 감사보고서를 비롯한 결산 서류를 전자공시시스템에 등록해둡니다. 하지만 외국 기업과 국내 기업 간에는 큰 차이가 있습니다.

　외국 기업들이 발간하는 애뉴얼 리포트는 단순히 재무제표와 그 부속서류 정도로 그치지 않습니다. 그 안에는 한 해 동안 발생한 일들과 변화와 활동들이 분야별로 정리되어 있습니다. 더불어 경영자가 주주들에게 보내는 편지에는 현재 기업의 상태와 나아갈 방향을 비교적 소상히 설명하고 있습니다. 그리고 매우 자세히 기업이 추진하고 있는 전략의 상세 내용을 기술하고 있습니다. 한마디로 그들이 발간하는 애뉴얼 리포트는 그 기업을 이해하는 데 있어 가장 중요한 기록입니다. 인상적인 것은 제3자가 그 기업에 대해서 설명해주는 것이 아니라 기업 스스로 자신이 해온 것과 나아갈 길을 자세히 설명한다는 것입니다. 자신이 쓰는 자신에 대한 이야기가 애뉴얼 리포트, 즉 연간 보고서입니다.

생각해보니 제가 여러 글로벌 기업을 오가며 근무했던 시절 매년 경험했던 것이 애뉴얼 리포트를 작성하는 전담팀이 있었던 것과, 그 팀에서 요구하는 기초 자료들을 챙겨주는 일이 한 해를 결산하는 시기의 제법 큰 업무였다는 것입니다.

우리도 이런 활동을 도입해보면 어떨까요? 한 해를 돌아보면서 수치뿐만이 아니라 중요 내용을 정리해서 공유하는 것은 그 기업의 발자취를 이해하는 데 큰 도움이 됩니다. 무엇보다 기업 내부 구성원들이 도움을 받을 것입니다. 피상적으로만 알던 자기 기업의 방향과 전략과 활동들을 자세히 알고 이해하는 시간이 될 것입니다. 더불어 모두에게 파르마 뮤지엄의 벽처럼 소중한 기억으로 남을 겁니다.

시간은 흐르고 기억은 잊힙니다. 하지만 기록은 남습니다. 기업도 개인도 기록에 조금 더 신경을 썼으면 좋겠습니다.

이 책을 쓰는 동안 이모저모 챙겨준 아내와 가족들, 그리고 제 주변의 고마운 분 모두에게 감사의 인사를 전합니다. 부족한 책을 끝까지 읽어주신 여러분께도 진정으로 감사드립니다. 위기의 순간마다 멋지게 턴어라운드하길 축원해 드리며 언젠가 다른 글에서 다시 뵙는다면 큰 기쁨이겠습니다.

끝으로 이탈리아의 파르마를 여행한다면 파르마 뮤지엄에서 다음의 그림을 꼭 감상해보길 권합니다. 이 그림을 보며 저는 한참을 서서 눈물을 흘릴 정도로 감동을 받았습니다. 그림은 레오나르도 다빈치의 〈여인의 초상화〉입니다. 여러분께 드리는 제 작은 선물입니다.

이탈리아 밀라노에서 김성호

레오나르도 다빈치의 〈여인의 초상화〉

부록

─ 자라

2000~2010년	2000	2001	2002	2003	2004	2005	2006	2007	2008	2009
매출(백만 유로)	2,044	2,435	3,220	3,760	4,441	5,534	6,264	6,824	7,077	
매출 성장률		19%	20%	11%	17%	18%	25%	13%	9%	4%

	2000	2001	2002	2003	2004	2005	2006	2007	2008	2009
영업이익(백만 유로)	328	441	540	476	654	712	911	1,116	1,048	1,105
영업이익률	16%	18%	19%	15%	17%	16%	16%	18%	15%	16%

	2000	2001	2002	2003	2004	2005	2006	2007	2008	2009
매장 수	449	466	531	626	723	852	1,175	1,361	1,520	1,608
매장 수 증가율		3.8%	13.9%	17.9%	15.5%	17.8%	37.9%	15.8%	11.7%	5.8%

	2000	2001	2002	2003	2004	2005	2006	2007	2008	2009
매장당 평균 매출 (억 원)	61	71	74	69	70	70	64	62	61	59
매장당 평균 매출 증가율		14.9%	5.0%	-6.4%	1.2%	0.2%	-9.6%	-2.3%	-2.4%	-2.0%

2011~2019년	2010	2011	2012	2013	2014	2015	2016	2017	2018	2019
매출(백만 유로)	8,088	8,938	10,541	10,804	11,594	13,628	15,394	16,620	18,021	19,564
매출 성장률	14%	11%	18%	2%	7%	18%	13%	8%	8%	9%

	2010	2011	2012	2013	2014	2015	2016	2017	2018	2019
영업이익(백만 유로)	1,534	1,725	2,233	2,089	2,123	2,452	2,764	3,024	3,122	3,370
영업 이익률	19%	19%	21%	19%	18%	18%	18%	18%	17%	17%

	2010	2011	2012	2013	2014	2015	2016	2017	2018	2019
매장 수	1,723	1,830	1,925	1,991	2,085	2,162	2,213	2,251	2,259	2,270
매장 수 증가율	7.2%	6.2%	5.2%	3.4%	4.7%	3.7%	2.4%	1.7%	0.4%	0.5%

	2010	2011	2012	2013	2014	2015	2016	2017	2018	2019
매장(억 원)	63	66	74	73	75	85	94	100	108	116
매장당 평균 매출 증가율	6.6%	4.1%	12.3%	-0.9%	2.4%	13.3%	10.5%	6.0%	8.1%	8.0%

ZARA 모기업(INDITEX)과 H&M 비교 자료

2010~2019년	2010	2011	2012	2013	2014	2015	2016	2017	2018	2019
INDITEX 매출(십억 유로)	12.5	13.8	15.9	16.7	18.1	20.9	23.3	25.3	26.1	28.3
INDITEX 영업이익(십억 유로)	2.3	2.5	3.1	3.1	3.2	3.7	4	4.3	4.3	4.8
INDITEX 영업이익률	18.4%	18.1%	19.5%	18.6%	17.7%	17.7%	17.2%	17.0%	16.5%	17.0%

	2010	2011	2012	2013	2014	2015	2016	2017	2018	2019
H&M 매출(십억 유로)	13	13	15	16	17	17.2	17.4	19.1	20.1	22.3
H&M 영업이익(십억 유로)	3	2.5	2.7	2.8	2.9	2.6	2.3	2	1.5	1.7
H&M 영업이익률	%	%	%	%	%	%	%	%	%	%

— 넷플릭스

1998~2008년	1998	1999	2000	2001	2002	2003	2004	2005	2006	2007	2008
매출(백만 달러)	1	5	36	74	151	270	501	682	997	1,205	1,365
매출 성장률		730%	639%	107%	103%	79%	85%	36%	46%	21%	13%

	1998	1999	2000	2001	2002	2003	2004	2005	2006	2007	2008
영업이익(백만 달러)	(11)	(30)	(58)	(37)	(12)	4	19	3	64	91	122
영업이익률						-8%	2%	4%	0%	6%	8%

	1998	1999	2000	2001	2002	2003	2004	2005	2006	2007	2008
가입자수(천 명)		107	292	456	857	1,487	2,610	4,179	6,316	7,479	9,390
가입자수 증가율			173%	56%	88%	74%	76%	60%	51%	18%	26%

2009~2019년	2009	2010	2011	2012	2013	2014	2015	2016	2017	2018	2019
매출(백만 달러)	1,670	2,163	3,205	3,609	4,375	5,505	6,780	8,831	11,693	15,794	20,156
매출 성장률	22%	29%	48%	13%	21%	26%	23%	30%	32%	35%	28%

	2009	2010	2011	2012	2013	2014	2015	2016	2017	2018	2019
영업이익(백만 달러)	192	284	376	50	228	403	306	380	839	1,605	2,604
영업이익률	11%	13%	12%	1%	5%	7%	5%	4%	7%	10%	13%

	2009	2010	2011	2012	2013	2014	2015	2016	2017	2018	2019
가입자수(천 명)	12,268	20,010	23,529	33,267	44,350	57,391	74,762	93,796	117,582	139,259	167,090
가입자수 증가율	31%	63%	18%	41%	33%	29%	30%	25%	25%	18%	20%

서비스별 가입자 수

2011~2019년	2011	2012	2013	2014	2015	2016	2017	2018	2019
Streaming-미국(천 명)	21,671	27,146	33,420	44,738	49,431	54,750	60,551	64,415	
Streaming-해외(천 명)	1,858	6,121	10,930	18,277	30,024	44,365	62,832	87,904	99,428
DVD-미국(천 명)	11,165	8,224	6,930	5,767	4,904	4,114	3,383	2,731	2,200

부채비율 및 스트리밍사업 투자

2007~2013년	2007	2008	2009	2010	2011	2012	2013
부채 (백만 달러)	194	268	480	692	2,426	3,223	4,079
자본 (백만 달러)	414	347	199	290	643	745	1,333
부채비율	47%	77%	241%	239%	377%	433%	306%

	2007	2008	2009	2010	2011	2012	2013
스트리밍 투자(백만 달러)			114	569	2,580	2,845	3,428

― 스타벅스

1995~2007년	1995	1996	1997	1998	1999	2000	2001	2002	2003	2004	2005	2006
매출(백만 달러)	465	698	975	1,309	1,680	2,178	2,649	3,289	4,075	5,294	6,369	7,787
매출 성장률		50%	40%	34%	28%	30%	22%	24%	24%	30%	20%	22%

	1995	1996	1997	1998	1999	2000	2001	2002	2003	2004	2005	2006
영업이익(백만 달러)	40	57	86	109	157	212	280	316	425	610	780	894
영업이익률	9%	8%	9%	8%	9%	10%	11%	10%	10%	12%	12%	11%

	1995	1996	1997	1998	1999	2000	2001	2002	2003	2004	2005	2006
매장 수	677	1,015	1,412	1,886	2,498	3,501	4,709	5,886	7,225	8,569	10,241	12,440
매장 증가율		50%	39%	34%	32%	40%	35%	25%	23%	19%	20%	21%
매장당 평균 매출(천 달러)	687	688	691	694	673	622	563	559	564	618	622	626

2008~2019년	2008	2009	2010	2011	2012	2013	2014	2015	2016	2017	2018	2019
매출(백만 달러)	10,383	9,775	10,707	11,700	13,277	14,867	16,448	19,163	21,316	22,387	24,720	26,509
매출 성장률	10%	-6%	10%	9%	13%	12%	11%	17%	11%	5%	10%	7%

	2008	2009	2010	2011	2012	2013	2014	2015	2016	2017	2018	2019
영업이익(백만 달러)	504	562	1,419	1,729	1,997	2,459	3,081	3,601	4,172	4,135	3,883	4,078
영업이익률	5%	6%	13%	15%	15%	17%	19%	19%	20%	18%	16%	15%

	2008	2009	2010	2011	2012	2013	2014	2015	2016	2017	2018	2019
매장 수	16,680	16,635	16,858	17,003	18,066	19,767	21,366	23,043	25,085	27,339	29,324	31,256
매장 증가율	11%	0%	1%	1%	6%	9%	8%	8%	9%	9%	7%	7%
매장당 평균 매출(천 달러)	622	588	635	688	735	752	770	832	850	819	843	848

스타벅스 코리아 자료

2001~2013년	2001	2002	2003	2004	2005	2006	2007	2008	2009	2010	2011	2012
매출(억 원)	252	437	545	721	913	1,094	1,344	1,710	2,040	2,416	2,982	3,910
영업이익(억 원)	21	23	48	72	131	140	167	183	169	214	225	248
영업이익률	8.3%	5.3%	8.8%	10.0%	14.3%	12.8%	12.4%	10.7%	8.3%	8.9%	7.5%	6.3%

2014~2019년	2014	2015	2016	2017	2018	2019
매출(억 원)	6,171	7,739	10,028	12,634	15,223	18,696
영업이익(억 원)	402	471	853	1,144	1,428	1,751
영업이익률	6.5%	6.1%	8.5%	9.1%	9.4%	9.4%

— 노키아

1995~2007년	1995	1996	1997	1998	1999	2000	2001	2002	2003	2004	2005	2006	2007
매출(백만 유로)	6,191	6,613	8,849	13,326	19,772	30,376	31,191	30,016	29,455	29,371	34,191	41,121	51,058
매출 성장률		7%	34%	51%	48%	54%	3%	-4%	-2%	0%	16%	20%	24%

	1995	1996	1997	1998	1999	2000	2001	2002	2003	2004	2005	2006	2007
영업이익(백만 유로)	843	717	1,422	2,489	3,908	5,776	3,362	4,780	5,011	4,326	4,639	5,488	7,985
영업이익률	14%	11%	16%	19%	20%	19%	11%	16%	17%	15%	14%	13%	16%

	1995	1996	1997	1998	1999	2000	2001	2002	2003	2004	2005	2006	2007
연구개발비(백만 유로)	426	591	767	1,150	1,755	2,584	2,985	3,052	3,760	3,776	3,825	3,897	5,647
연구개발비율	7%	9%	9%	9%	9%	9%	10%	10%	13%	13%	11%	9%	11%

2008~2019년	2008	2009	2010	2011	2012	2013	2014	2015	2016	2017	2018	2019
매출(백만 유로)	50,710	40,984	42,446	38,659	15,400	12,709	11,762	12,499	23,641	23,147	22,563	23,315
매출 성장률	-1%	-19%	4%	-9%	-60%	-17%	-7%	6%	89%	-2%	-3%	3%

	2008	2009	2010	2011	2012	2013	2014	2015	2016	2017	2018	2019
영업이익(백만 유로)	4,966	1,197	2,070	-1,073	-821	519	1,412	1,688	-1,100	16	-59	485
영업이익률	10%	3%	5%	-3%	-5%	4%	12%	14%	-5%	0%	0%	2%

	2008	2009	2010	2011	2012	2013	2014	2015	2016	2017	2018	2019
연구개발비(백만 유로)	5,968	5,909	5,863	5,612	3,081	2,619	1,948	2,126	4,997	4,916	4,620	4,411
연구개발비율	12%	14%	14%	15%	20%	21%	17%	17%	21%	21%	20%	19%

사업부별 매출 (단위 : 백만 유로)

1995~2007년	1995	1996	1997	1998	1999	2000	2001	2002	2003	2004	2005	2006	2007
Device&service	2,700	3,629	4,649	8,070	13,182	21,887	23,158	23,211	23,618	23,036	27,653	33,677	37,691
Location&commerce													
Network	1,739	2,242	3,166	4,390	5,673	7,714	7,534	6,539	5,620	6,431	6,557	7,453	13,393
Technologies license													
others	1,752	742	1,034	866	917	775	499	266	217				

2008~2019년	2008	2009	2010	2011	2012	2013	2014	2015	2016	2017	2018	2019
Device&service	35,099	27,853	29,134	23,943								
Location&commerce	361	670	869	1,091	1,103	914						
Network	15,309	12,574	12,661	14,041	13,779	11,282	11,198	11,490	21,830	20,523	20,122	20,967
Technologies license					534	529	578	1,024	1,053	1,654	1,476	1,487
others									1,142	1,114	965	861

 **참고문헌**

2장. 자라, 현재 진행형 턴어라운드

- Inditex Group annual report, 2001~2019
- ZARA(Wikipedia)
- Zara supply chain analysis - the secret behind Zara's retail success(QuickBooks)
- Zara Looks to Technology to Keep up With Faster Fashion(BOF, 2018.6.15)
- ZARA: TECHNOLOGY AND USER EXPERIENCE AS DRIVERS OF BUSINESS(IE University, 2017.12.15)
- Zara Clothing Company Supply Chain(SCM Globe, 2020.1.4)
- 데일리트랜드(비즈니스트랜드&패션트랜드 온라인 정보지)

3장. 넷플릭스, 의도적인 위기를 만들다

- Netflix Annual Report, 2002~2019
- Netflix(Wikipedia)
- Netflix-The Turnaround Story of 2012 by Adam Hartung(Forbes, 2013.1.29)
- The Year Netflix Almost Died by Tien Tzuo(Entrepreneur, 2015.10.23)
- How Netflix Became a $100 Billion Company in 20 Years(Product Habits Blog)
- Netflix Looks Back on Its Near-Death Spiral(The New York Times, 2013.4.26)
- Netflix SWOT Analysis 2020(Business Strategy Hub)
- Netflix's lost year(CNET, 2012.7.11)
- 패티 맥코드, 《파워풀》, 한국경제신문
- 리드 헤이스팅스, 에린 마이어, 《규칙없음》, 알에이치코리아

4장. 스타벅스, 핵심으로 돌아가다

- Starbucks Annual Report, 1999~2019
- Starbucks(Wikipedia)
- 하워드 휴즈, 《온워드》, 에이트포인트
- How Starbucks' Growth Destroyed Brand Value by John Quelch(Harvard Business Review, 2008.7.2)
- The trouble with Starbucks(Financial Times, 2008.12.12)
- 19 Amazing Ways CEO Howard Schultz Saved Starbucks(Business Insider, 2011.6.20)

5장. 노키아, 다시 온 위기와 대담한 도전

- Nokia Annual Report, 1995~2019
- Nokia(Wikipedia)
- Dan Steinbock, 《The Nokia Revolution》, AMACOM
- 경기침체기를 기회로 활용한 기업들의 교훈(LG Business Insight, 2008.11.)

6장. 턴어라운드 현장을 말하다

- 크리스 주크 , 제임스 앨런, 《창업자 정신》, 한국경제신문
- 윌리엄 손다이크, 현금의 재발견》, 마인드빌딩
- Christoph Lymbersky, 《International Turnaround Management Standard》, ITMS
- Leading companies out of crisis(McKinsey on Finance Number 49, Winter 2014)
- 시장을 선도하던 기업이 무너지는 이유(LG Business Insight, 2013.5.)
- 부활하는 파나소닉 성역 허물고 본업 바꿨다(LG Business Insight, 2015.7.)

돌파하는 기업들

초판 1쇄 발행 2020년 11월 20일

지은이 김성호

기획 · 편집 도은주
미디어 마케팅 류정화

펴낸이 윤주용
펴낸곳 초록비책공방

출판등록 2013년 4월 25일 제2013-000130
주소 서울시 마포구 월드컵북로 402 KGIT 센터 925C호
전화 0505-566-5522 팩스 02-6008-1777

메일 jooyongy@daum.net
인스타 @greenrainbooks
포스트 http://post.naver.com/jooyongy
페이스북 http://www.facebook.com/greenrainbook

ISBN 979-11-86358-98-6 (03320)

* 정가는 책 뒤표지에 있습니다.